人民兵工精神

本书编委会　编

兵器工业出版社

图书在版编目（CIP）数据

人民兵工精神 /《人民兵工精神》编委会编 . -- 北京：兵器工业出版社，2016.12
ISBN 978-7-5181-0289-1

Ⅰ．①人… Ⅱ．①人… Ⅲ．①武器工业－工业企业－先进工作者－先进事迹－中国②武器工业－工业企业－模范单位－先进事迹－中国 Ⅳ．①K826.16

中国版本图书馆CIP数据核字(2016)第287505号

出版发行：兵器工业出版社
发行电话：010－68962596，68962591
邮　　编：100089
社　　址：北京市海淀区车道沟 10 号
经　　销：各地新华书店
印　　刷：北京圣夫亚美印刷有限公司
版　　次：2016 年 12 月第 1 版第 1 次印刷
印　　数：1—20000

责任编辑：林利红
封面设计：正红旗下
责任校对：郭　芳
责任印制：王京华

开　　本：710×1000　1/16
印　　张：21.75
字　　数：220 千字
定　　价：58.00 元

编 委 会

主　任：尹家绪　唐登杰

副主任：温　刚　徐留平　石　岩　龚艳德

委　员：程　军　曹光祥　胡昌元　孙　毅　王永平
　　　　彭心国　安伟时　杨　林　付有贤　种　建
　　　　刘　左　梁　冰　陈维伟

编写组

顾　问：蔡寅生

组　长：高继革

成　员：霍　洁　郭永春　吉　喆　石青亮　蒋郭清
　　　　肖世龙　黄景山　李　翔　于亚卓　沈竹山

序

　　人民兵工是中国共产党领导和创建的第一个军事工业部门，发源于星火燎原的中央革命苏区，成长于艰苦卓绝的敌后抗日烽火和波澜壮阔的人民解放战争，壮大在新中国成立以来的建设和改革时期，是我们党领导革命和建设的重要物质基础，是新中国国防科技工业的基础和摇篮，是人民军队最忠诚、最坚强、最可信赖的战友和伙伴。

　　伟大事业造就伟大精神。在人民兵工85年的奋斗历程中，一代代兵工人满怀着对党和国家、民族的绝对忠诚与责任担当，在血与火的考验中凝炼成了"把一切献给党"的崇高信念和"自力更生、艰苦奋斗、开拓进取、无私奉献"的优良传统，凝聚成了人民兵工独特而深厚的精神内涵，这就是人民兵工精神。人民兵工精神是我们党系列伟大精神之一，是党的红色基因库中的重要组成，是人民兵工生生不息、发展壮大的"根"和"魂"。

　　精神的实质是信仰。"把一切献给党"是人民兵工忠诚于党、忠诚于革命事业崇高信仰的真挚表达，是人民兵工的精神内核。"自力更生、艰苦奋斗、开拓进取、无私奉献"十六个字，是从全局高度和历史角度，对人民兵工发展历史所展现的精神形态的凝炼概括，体现了党对人民兵工历史贡献的高度肯定，诠释了人民兵工鲜明的精神特质和精神风貌，是"把一切献给党"精神内核的生动体现。自力更生，是人民兵工的一贯方针；艰苦奋斗，是人民兵工的革命本色；开拓进取，是人民兵工的豪迈气概；无私奉献，是人民兵工的崇高境界。人民兵工独特丰厚的精神内涵，既是人民兵工85年筚路蓝缕的历史写照，更是人民兵工面向未来、创新发展的坐标指引，将鼓舞和激励着一代又一代兵工人战胜一切艰难险阻，不断创造新的辉煌。

大力弘扬人民兵工精神，是兵器事业不断开拓进取的根本保证。新的历史时期，我们不仅要做人民兵工精神的传承者和弘扬者，更要承担起人民兵工精神创新和发展的历史重任。传承好、弘扬好人民兵工精神，必须认真学习贯彻习近平总书记系列重要讲话精神，用习近平总书记治国理政新理念、新思想、新战略指导兵器事业改革发展实践，把学习和传承人民兵工精神贯穿于理想信念教育始终。通过教育引导、舆论宣传、文化熏陶、行为实践和制度保障，坚定道路自信、理论自信、制度自信、文化自信，使广大干部职工坚定"把一切献给党"的理想信念，不断增强政治意识、大局意识、核心意识、看齐意识，特别是牢固树立核心意识、看齐意识，自觉向以习近平同志为核心的党中央看齐，始终同以习近平同志为核心的党中央保持高度一致，无论在任何时候、任何条件、任何考验下，都始终听党的话、跟党走，让人民兵工精神内化于心、外化于行，用人民兵工精神提升境界、凝聚力量，忠实担负起"支撑国防军队建设、推动科学技术进步、服务经济社会发展"的使命任务。

时光流逝，时代变迁，但人民兵工为之奋斗的理想和事业没有变。我们只有始终坚守"把一切献给党"的崇高信仰，始终传承"自力更生、艰苦奋斗、开拓进取、无私奉献"的光荣传统，始终坚持"国家利益高于一切"的核心价值观，才能在新的历史时期有信心、有勇气、有力量战胜一切困难和挑战，推动兵器事业走向更加辉煌的明天。

　　不忘初心，继续前进。

中国兵器工业集团公司党组书记、董事长　　　　中国兵器装备集团公司党组书记、董事长

精神作为意识形态的表现，不是与生俱来的。"人民兵工精神"是一代代兵工人共同锤炼、继承、弘扬和发展的意识形态和价值理念，深深根植于我们党领导的人民兵工事业的伟大历史实践中，有着其内在的思想理论基础、革命实践基础和历史文化渊源。纵观人民兵工85年的创业史、奋斗史、发展史，我们深刻体会到，毛泽东"枪杆子里面出政权"的伟大思想使中国革命走上武装夺取政权的正确道路，是人民兵工精神孕育形成的理论源头；自强不息、艰苦奋斗、百折不挠的中华民族优良传统，是人民兵工精神孕育形成的文化源头；中国共产党领导的人民兵工革命、建设和改革的伟大事业，是人民兵工精神孕育形成的实践源头。习近平总书记指出："每个走向复兴的民族，都离不开价值追求的指引；每段砥砺奋进的征程，都必定有精神力量的支撑。"人民兵工85年的伟大实践充分证明，"人民兵工精神"是人民兵工的灵魂和生命力的集中体现，是引领人民兵工战胜一个个艰难险阻的强大精神动力，是推动人民兵工从胜利走向胜利的根本保证。

目　　录

☆江西省兴国县官田村中央红军第一家兵工厂旧址

第一章　铸造伟大精神

中国共产党领导的人民兵工，发源于星火燎原的中央革命苏区，成长于艰苦卓绝的敌后抗日烽火和波澜壮阔的人民解放战争，壮大于新中国成立以后的建设和改革时期。85年来，在党的领导下，人民兵工历经无数战火洗礼，从无到有、从小到大、从弱到强，走过了极不平凡的伟大历程，为中华民族的独立和解放、为新中国国防现代建设和国防科技工业发展、为中国特色社会主义事业，作出了不可磨灭的历史性贡献，被誉为"工人阶级贡献革命的伟大事业"。伟大事业造就伟大精神。85年来，一代代兵工人前仆后继、浴血奋战、无私奉献，用鲜血和生命铸造了具有丰厚历史底蕴的"把一切献给党"的崇高信仰和"自力更生、艰苦奋斗、开拓进取、无私奉献"的优良传统，成为引领人民兵工自强不息、发展壮大的强大精神动力。

一、人民兵工精神在战争硝烟中孕育
（1931—1949）

人民兵工伴随着中国共产党领导的工农武装的产生，在战争的硝烟中建立。1931年10月20日，中国工农红军在中央根据地江西兴国官田村成立中央革命军事委员会兵工厂（官田兵工厂），标志着人民兵工正式诞生。此后，历经土地革命、抗日战争和解放战争不同时期，广大兵工战士在血雨腥风的战争环境和艰苦卓绝的军事斗争中，凭着永不熄灭的革命热情和不屈不挠的顽强意志，凝聚成"一切为了前线""把一切献给党"的革命信仰，克服无数艰难险阻，白手起家研制生产武器弹药，为部队提供军火补给，成为人民武装力量不可或缺的重要组成部分。

（一）践行"枪杆子里面出政权"

大革命失败后，毛泽东提出"枪杆子里面出政权"，从而揭开了中国共产党独立领导武装斗争的崭新局面，也直接促成了负责制造、提供"枪杆子"的人民兵工的创建。

1927年，正当国共两党第一次合作进行的北伐战争势如破竹的时候，蒋介石、汪精卫先后在上海和武汉发动"四·一二"

☆1930年2月，鄂豫皖根据地建立赤城县造枪局（余富山兵工厂），图为造枪局旧址——今安徽省金寨县南溪镇余富山村

"七·一五"反革命政变，大肆屠杀共产党人和革命群众，使轰轰烈烈的大革命失败。在中国革命面临严重危机的紧要关头，1927年8月7日，中共中央在湖北汉口召开紧急会议。毛泽东在会上尖锐地批判"党存在不做军事运动专做民众运动"的倾向，强调"以后要非常注意军事，须知政权是由枪杆子中取得的"，建议"此次会议应重视此问题，新政治局常委要更加坚强起来注意此问题"。这就是后来总结的"枪杆子里面出政权"的重要论断。它为中国革命指明了方向，成了我党创建、领导人民武装进行斗争的行动口号。从此，党开始走上武装夺取政权的正确道路。

在这一思想指引下，"八一"南昌起义打响武装反抗国民党反动派的第一枪，各地武装斗争风起云涌。1927年10月，毛泽东领导湘赣边界起义红军到达井冈山，开展游击战争，实行武装割据，建立了第一个农村革命根据地。

☆1927年10月，中国工农红军红一师在广东省惠阳县高谭区中峒乡建立的中峒红军兵工厂修造枪械时用的手摇绞钻机

　　顺应武装斗争的开展和深入，必不可少的武器装备生产同时展开并日显重要。1927年10月，工农革命军第四军进驻井冈山上茅坪，开办了第一个修械所，开始只有几个人；第二年5月，他们第二次打下永新县城，缴获了一些修枪器具，并从部队找到一些会修械、修铳的战士充实修械所，由宋乔生同志组织修理枪械，还制造单响枪和锡头子弹。1927年10月，中国工农红军红一师在广东省惠阳县高谭区中峒乡建立的中峒红军兵工厂。1930年2月，鄂豫皖根据地建立赤城县造枪局（余富山兵工厂）。当时，类似这种零散的兵器生产组织在各革命根据地陆续建立，这就是人民兵工的萌芽。1931年10月，根据中央革命军事委员会的决定，组织成立官田兵工厂，实行一定程度的专业化生产，人民兵工由此诞生。同年11月25日，中央革命军事委员会在瑞金叶坪宣告成立，设置总供给部、总动员武装部、总兵站，并成立兵工厂、军事工业局、后方办事处等单位，兵工生产由中央军委直接领导。

其后各历史时期，人民兵工在党的坚强领导下，无论在艰苦的战争年代，还是在和平建设时期，始终不忘和坚决践行"枪杆子里面出政权"的真谛，牢记使命，忠诚担当，致力于武器装备研制生产，保障供应，确保党在任何情况下都有自己掌握的"枪杆子"，为人民革命战争和国家安全作出了巨大贡献，创造了一个又一个奇迹。

（二）从官田走来

在江西省兴国县城东45公里的兴莲乡，有一个四面环山，中间为盆地，一条澄碧的溪流从村中弯弯曲曲穿过，村中的河滩地势开阔平坦，房屋依山傍水而建，后山突兀的村庄，这就是官田村。被称为人民兵工和国防工业摇篮的官田兵工厂，就诞生于此。

☆1931年10月，在中国共产党的领导下于江西省兴国县官田村建立的第一个中央红军官田兵工厂旧址

☆通江兵工厂生产工房一角

　　1931年9月，红军以3万多人粉碎了蒋介石30万兵力对井冈山革命根据地的第三次"围剿"，缴获枪支2万余支，其中许多枪支需要修复才能使用。同时，在赣南、闽西根据地（即中央革命根据地，当时已成为全国最大的苏区），红军和地方武装发展很快，迫切需要大批枪支弹药。为此，中央革命军事委员会决定，在原有修械所和修械处的基础上，组建一个规模较大的兵工厂，担负日益繁重的修械和弹药生产任务；并指派吴汉杰带领几十人筹建。1931年10月20日，由白石红军修械厂、江西省苏维埃政府修械所、红三军团修械所、吉安县东固养金山修械处、赣县田村龙头修械处等单位合并成了中央红军官田兵工厂。

　　1933年4月第四次反"围剿"胜利后，根据地进一步巩固和扩大，官田兵工厂奉命一分为三，即：胜利县（今于都县）银坑的红军弹药厂，主要负责复装和生产枪弹，也制造麻尾手榴弹和地雷;兴国县古龙岗镇寨上村的红军杂械厂,主要负责打制刺刀和铁器杂件;留守官田的枪炮科改为枪炮厂。同年10月,国民党反动派向中央苏区发动第五次"围剿"。根据战争需要,3个分厂奉命陆续向瑞金县(今瑞金市)西北部的岗面地区转移,到1934年4、5月间搬迁完毕。至此,官田兵工厂结束了它的历史使命。

　　官田兵工厂是我党创建的第一个具有一定规模、较为规范的兵工厂,被誉为人民兵工的"鼻祖"。工厂设有修械、子弹两个科,每科下设若干专业股组,工种划分和专业分工比较明确,鼎盛时有职工近千人。虽然从成立到搬迁只有两年多时间,但修造了大量武器弹药,为红军发展和反"围剿"的胜利提供了有力支持。官田兵工厂的建立,开创了我党兵工史上工厂化制造军火的先例,在工厂管理方式、专业分工、薪酬分配和职工思想政治工作等方面积累了大量经验,培养造就了一批技术人才和管理干部,为党领导下的人民兵工发展壮大提供了宝贵的火种。

☆1933年初,徐向前领导的中国工农红军红四方面军在川北通江县苟家湾建立的通江兵工厂

（三）历经长征二万五千里

第五次"反围剿"失利，中央红军被迫实行战略转移，于1934年10月至1936年10月进行了艰苦卓绝的二万五千里长征。根据地兵工厂大部分随军转移；兵工战士与红军一路同行，在长征途中亦工亦战，许多同志献出了宝贵的生命。

长征前夕，中革军委总供给部成立军工局，统一领导苏区军工生产，并将官田兵工厂弹药科和枪炮科搬迁到瑞金冈面，成立中央红军兵工厂。在红军准备战略转移的日子里，兵工厂开足马力，加紧生产，努力为红军远征提供更多更好的武器弹药。

战略转移时，红一、二、四方面军的兵工厂都组织了精干的随军修械所，携带机器设备、器材工具随军修械。红一方面军江面兵工厂560人分3批随军行动；红二方面军兵工厂350人离开根据地随军转移；红四方面军通江兵工厂五六百人西渡嘉陵江开始长征。红二、六军团撤离湘鄂川黔根据地长征时，兵工人员一部分组成修械所随军西征，一部分就地疏散。中央红军兵工厂560多人编入后勤纵队，分3批踏上征途；100多人留下，跟随红军就地打游击。漫漫长征路上，兵工战士长途跋涉，行进在高山峻岭、峡谷大川之间，而且战斗频繁，部队短暂休整时他们立即支起"工作台"，抢时间修理枪械。

两年长征，牺牲的兵工战士难以计数。初期，由于"左"倾

☆随军长征

机会主义者要求将笨重物资全部携带上路，大批兵工战士为保护生产设备而牺牲。湘江战役，中央红军主力部队由8.6万余人锐减到3万余人，其中就有大批兵工战士牺牲。中央红军兵工厂吴汉杰厂长率领108名兵工人员出发，最后仅剩7人到达陕北；跟随红二十五军长征的七八十名兵工人员仅剩1人到达陕北；红四方面军通江兵工厂随军北上的七八十名兵工人员也只剩14人。长征途中，广大兵工战士还经常主动请缨参加战斗。在参加尤溪口战斗时，被贺龙、任弼时得知，狠狠批评了军械科长，重申要十分爱惜工人，不允许再发生类似事情。

由于长征路上兵工战士大多牺牲，兵工厂大部分随之"消失"，最后到达陕北的兵工人员已经屈指可数。然而，就是这些少数火种，在红旗漫卷的黄土高原，很快形成燎原之势，凝聚起新的兵工力量，重建人民兵工，投身到了抗日战争的洪流中。

（四）筑起抗日钢铁长城

1937年7月7日，卢沟桥事变后，抗战全面爆发。中国共产党领导的八路军、新四军，开赴抗日前线，开辟根据地，同日本侵略军展开了浴血奋战。许多抗日战士手持大刀、长矛、土枪等落后兵器与侵略者殊死拼搏，武器供应成为对敌斗争的关键。同年10月，毛泽东致电在抗敌前线的周恩来、朱德："我们必须在一年内增加1万支步枪，主要方法自己制造"；中共召开六届六中全会，毛泽东在《抗日民族自卫反击战争与抗日民族统一战线的新阶段》的报告中提出："每个游击战争根据地都必须尽量设法建立小的兵工厂，办到自制弹药、步枪、手榴弹等程度，使游击战争无军火缺乏之虞"，会议作出了"提高军事技术，以建立必要的军火工厂，准备反攻实力"的决议。党中央和毛泽东的指示，极大地推动了陕甘宁边区兵器生产发展。广大兵工人心系民族危亡，以大无畏的精神和饱满的热情投身生产，全力为前线提供武器弹药，共同筑起抗日钢铁长城。

1938年3月，中央军委成立军工局，加强对陕甘宁边区兵工厂的领导。1939年5月，军工局将陕甘宁边区的兵工厂整合为军工局1厂、2厂和3厂，重新划分各厂职责任务；并筹建了紫芳沟化学厂和马家沟修械所。军工局系统职工最高达到3300人，约占陕甘宁边区产业工人总数的54%。

1937年9月，八路军东渡黄河开赴抗日前线，创立晋察冀、晋绥、晋冀鲁豫、山东等敌后抗日根据地，开展轰轰烈烈的抗日战争，人民兵工在根据地得到空前发展。八路军总部提出，每个师、各旅、各团、每个游击支队以及地方政府、自卫队都要招募技术工人，开办修械所、修造厂（制造地雷和手榴弹的工厂）。从此，各抗日根据地的兵工厂如雨后春笋，遍及晋、冀、鲁、豫大

☆1937年12月，晋察冀军区在山西省五台县跑泉厂村建立的第一个修械所旧址

☆山西省武乡县柳沟村八路军总部军工部柳沟铁厂旧址

地，比较著名的兵工厂有晋察鲁豫的黄崖洞兵工厂、晋察冀的神仙山兵工厂、陕甘宁的茶坊兵工厂、晋绥的犄牛沟兵工厂等。

1939年3月，八路军总部成立第6科，即军事工业科，统一领导管理晋冀豫区军工生产；同年6月扩建为军工部，并从总部机

关、中央军委军工局抽调一批干部和技术人员充实到军工部。从1939年6月至1940年底，总部军工部在收编、整顿各修械所的基础上，先后兴办4个步枪修造所、1个复装枪弹厂、1个炸弹厂、1个试验所，共有职工2566人。这批工厂到百团大战时，向八路军提供了3000支步枪、7万多枚手榴弹、12万多发子弹、3万多公斤黑色炸药，为夺取百团大战的胜利发挥了重要作用。特别是1939年7月创办的黄崖洞兵工厂拥有职工700多人，平均月产步枪300余支，最高可产430支；先后生产的步枪、掷弹筒和50弹可装备16个团，成为八路军当时最大的军火生产基地，有力支持了抗日战争。

晋察冀军区成立工业部，将所属修械所整编为6个所，1940年底改为连队编制，发展到13个工厂，形成枪械修造、子弹制造、手榴弹和迫击炮弹生产、采矿、铸造等体系化军火生产格

☆晋冀豫根据地炸药厂

☆多造一粒子弹多杀死一个鬼子

局。晋绥地区兵工厂由120师修械所和新军工卫旅修械所合并组建，除修械和生产46式步枪、哈其开轻机枪外，还仿造日式50毫米掷弹筒、生产手榴弹和火炸药等，以贺龙46岁生日命名的46式步枪就是该厂仿制"中正"式7.9步枪制造的。在山东根据地，胶东抗日救国军第3军第3大队于1938年春在黄县圈杨家村创建胶东地区第一个兵工厂——圈杨家兵工厂，拥有500多人、各种机器设备58台；其后胶东半岛先后成立第一、第二、第三、第四、第五兵工厂；鲁中军区设立军工科，建立手榴弹厂、迫击炮厂、子弹厂、修械所和火药研究室。

　　1937年4月，军部率先组建修械所，制造刺刀、步枪和修

☆1940年10月，朱德总司令（左4）出席在延安王家坪召开的军工生产会议

理枪械。在军部的示范带动下，各支队和抗日武装部队纷纷成立自己的修械所或兵工厂。这些修械所和兵工厂，分布在苏、皖、鄂、豫、赣5省的20多个县境内，人员比较少、规模比较

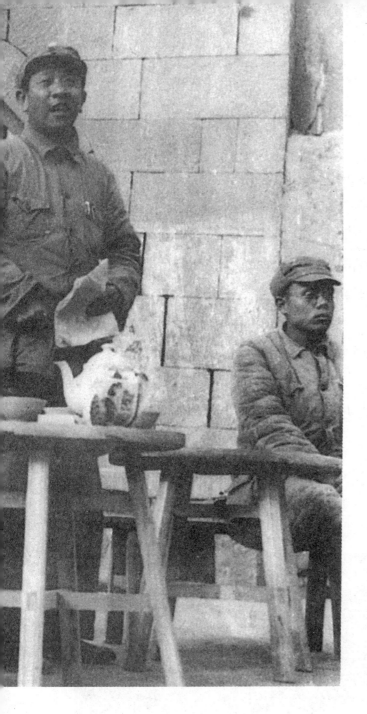

小，被称为"家庭修理所""水上兵工厂""马背修理所""露天兵工厂"。皖南事变后，新四军成立军工部，以原苏北指挥部修械所、3师7旅修械所和皖南军部修械所为基础，在冈门附近村庄，筹建了机工厂、炮弹厂、子弹厂、榴弹厂、翻砂铸造厂、修械厂和木工厂7个兵工厂。后来军工部撤销，所辖各工厂人员和设备就近分拨给2师和3师；其他各师、旅贯彻军部决定，就地筹办兵工厂，相继建立领导机构，各自组织生产。军工生产迅速发展，队伍不断壮大，到1944年8月发展到3000多人，生产单位由20余个扩大到50多个。

　　1944年，抗日战争由战略相持转入战略反攻，根据地迅速恢复和扩大。为适应形势变化，敌后军事工业进行了组织调整。9月，八路军总部军工部将分散的兵工厂集中组合为6个较大的兵工厂，并组建82毫米迫击炮弹厂、无烟药厂和枪弹厂。晋察冀军区成立冀晋、冀察、冀中、冀热辽和直属5个兵工管理处，按地区配套生产地雷、手榴弹、子弹、炮弹和火炸药。10月，晋绥军区成立工业部，辖有2个兵工厂。冀鲁豫和冀南两地区的兵工部门合并成立新的冀鲁豫军区兵工部，辖15个工厂。9月，新四军军部在安徽省盱眙县黄花塘召开兵工会议后，各师的军工部门力量得到进一步充实。山东根据地的胶东、渤海、鲁中、鲁南等军区的兵工生产进一步扩大，共组建兵工厂22家、各类弹厂17个。据不完全统计，1945年初，各根据地军工部门拥有兵工厂130

☆中国孩子们以与父母们同样的技能和精神工作，这个小姑娘在一座兵工厂里用她灵巧的手指往丝绸袋里填装炸药粉末，用于在工厂另一车间所生产的迫击炮弹内

个、职工近2万人。

抗战时期，人民兵工在极其艰苦的条件和硝烟弥漫的战争环境下坚持生产，还要与敌人的残酷扫荡进行斗争，经常一边战斗一边生产，许多兵工战士流血牺牲。在著名的"黄崖洞保卫战"中，青年兵工战士组成自卫队参加战斗，配合指战员与敌人激战8天8夜，歼敌千余人，创造了我军以少胜多的战例。兵工战士们在简陋的条件试

☆抗日根据地民兵手捧自制的地雷

制武器，每试验出一项合格产品都要付出极大代价甚至生命，但仍顽强攻破了一批技术难题，其中最为著名的"三大创造"——"缸塔法"制造硫酸、"窑炉焖火法"韧化炮弹弹体及"坩埚炼铜锌"就是那时取得的。广大兵工人在抗战期间克服难以想象的困难，为部队、地方武装提供了大量步枪、冲锋枪、机枪、迫击炮弹等多种武器弹药，有延安生产的"无名式"79马步枪，太行生产的"81式"79步枪，晋察冀生产的跳雷、飞雷、发射药、炸药，晋绥生产的"46式"79步枪、鼎龙式掷弹筒，等等。据不完全统计，在8年抗战中，生产手榴弹近450万枚，地雷20万个，子弹780万发，长短枪1.1万支，枪榴筒、掷弹筒6300具，各种口径迫击炮900余门，为八路军、新四军坚持敌后抗日游击战争，建

立巩固革命根据，夺取抗日战争的最后胜利做出了突出的十分重要的贡献。对此，党中央给予了高度评价。

（五）谱写解放战争英雄史诗

1945年8月15日，日本宣布无条件投降，抗战取得胜利。中国共产党以实际行动积极争取国内和平，及时调整兵工生产，向民品转移。但国民党反动派妄图消灭共产党及其领导的武装力量，于1946年6月撕毁国共两党达成的停战协定，悍然发动内战。中国共产党领导人民军队奋起自卫，拉开了为期3年的解放战争序幕。面对形势的急剧变化，根据党的指示，人民兵工及时恢复和扩大兵器生产，有力支持了人民解放军以摧枯拉朽、排山倒海之势，彻底推翻国民党反动统治，迎来了新中国的

☆延安修械厂工人修理机枪

☆晋察冀兵工厂在制造掷弹筒

成立。期间，人民兵工以坚定的信念和饱满的热情，开足马力生产，为军队提供了大量武器弹药，并迅速发展壮大，谱写了一首壮丽凯歌。

1946年1月，在重庆召开的各党派政治协商会议通过了《和平建国纲领》。中国共产党为了表达和平与民主建国的诚意，提出"党的全部工作，必须适应这一新的形势"，及时改变解放区的军事工业管理体制，压缩或停止军火生产，开始转产民品；颁发精简兵工职工《复员条例》，动员老弱病残职工复员转业，压缩兵工厂编制。这就是抗战后，人民兵工短暂的军转民。与此同时，为预防突发事变，党中央发出"向北发展，向南防御"的指示，对根据地兵工厂进行战略性调整和重组。华北地区根据地兵工厂同接管的日伪企业进行资源整合，形成以正太路为界的南北两大军事工业主体的新格局；抽调大批干部和职工随军进入东北，以接管沈阳、辽阳、抚顺等地的兵工厂和民用企业为基础，建立东北兵工基地；陕甘宁边区工业局东渡黄河，并入晋绥军区工业部；新四军兵工北撤，融入山东兵工。

内战爆发后，党中央号召正在转向和平生产的兵工厂立即恢复战时兵工体制，扩大兵器生产，全力支持解放军作战。1947年夏秋，人民解放军从战略防御转入战略反攻。随着战争规模不断扩大，军火供应成为取得这场战争胜利的决定因素之一。1947年12月21日至1948年1月7日，中共中央工作委员会及时在西柏坡召开第一次华北兵工会议，确立了"为争取战争胜利"的兵工生产方针和生产重点，提出"兵工建设是以自力更生为主，照顾目前需要，实事求是，又必须作长期打算"，确定"生产是工厂的唯一任务，其他任务都要服从生产任务。工厂必须实行统一集中领导，实行厂长负责制"。随着辽沈战役取得重大胜利，1948年12月13日至1949年1月25日，中共中央工作委员会又在西柏坡召开第二次全国兵工会议（军工军械会议），总结第一次华北兵工会议决议的执行情况和1948年兵工生产任务完成情况，讨论了全国兵工部门的统一领导问题，制定了1949年兵工生产计划。刘少奇代表党中央在讲话中高度赞扬人民兵工在人民解放战争中发挥的重要作用，阐述了接管城市工业的政策和兵工部门今后任务。会议为兵器工业迎接全国解放、向现代化过渡，做了思想上和组织上的准备。

☆1946年，晋冀鲁豫军区军工部长治附城兵工厂生产的150毫米迫击炮

☆长治附城兵工厂生产的120毫米迫击炮

在党中央的英明领导和正确决策下，人民兵工群情激奋、斗志旺盛，不断掀起研制生产武器装备热潮，为前线提供了大批武器弹药。解放战争初期，各地已能大量制造中小口径迫击炮弹；1947年起，开始生产大口径迫击炮弹和钢质后膛炮弹。晋冀鲁豫区还研制了75毫米山炮弹和120毫米、150毫米迫击炮弹；东北地区第9办事处生产75毫米山炮弹，第3、第4办事处相继研制并生产出76.2毫米榴弹和92式步兵炮炮弹。为适应战略反攻的需要，各地在成批制造中小口径迫击炮的基础上，积极研制生产后膛炮、大口径迫击炮弹等。据不完全统计，三年解放战争时期，人民兵工共生产各种枪弹6640万发、炮弹962万发、手榴弹2330万枚、无烟药68.5万千克、炸药376.5万千克以及大批枪炮和其他武器，为中国人民解放事业作出了重要贡献，建立了不朽功绩。刘少奇同志曾评价说："你们生产的军火对打败蒋介石是起决定作用的，是胜利的决定条件之一。"

　　同时，随着解放区的逐步扩大和一批城市陆续回到人民手里，各地区先后接管改造国民党政府和日伪兵工厂，吸收了一批技术人员和产业工人充实到兵工队伍中；一些长期在山区和边远地区的兵工厂陆续向城市转移，开始组建更大规模的兵工单位，人民兵工得到了前所未有的大发展。1949年6月2日，中央军委在北平召开兵工减产转业会后，兵器工业逐步减产转业和向正规军事工业过渡。到1949年9月末，各地兵器工业由原来160个企业调整为33个，职工由10万人减为近7万人，一些原材料生产企业和交通运输企业划归民用部门管理，兵工多余生产能力转向民用生产。同年7月，中央军委在北平召开兵工产品规格会议，就全国兵工产品的统一规格问题作出18项规定，为日后统一全国的武器弹药标准和武器制式化作了准备。随着解放战争的胜利和新中国的成立，兵器工业开始进入了由战时兵工生产向现代兵器工业过渡的新时期。

二、人民兵工精神在国家建设中发展
（1949—1978）

1949年10月1日，中华人民共和国宣告成立。作为最早创建的工业部门和为国家作出重大贡献的特殊行业，人民兵工自然成了共和国的一员长子，承载着无限荣光，也肩负起新的更大使命。新中国的人民兵工坚定"把一切献给党"的崇高信仰，发扬自力更生、艰苦奋斗的创业精神，积极投身于保家卫国的正义之战，广泛开展战备动员，大力研制新型装备，努力建设三线基地，以最坚决的态度和最顽强的意志捍卫国家政权和人民幸福，书写了新的不朽篇章。

（一）共和国长子

人民兵工是我党一手缔造的，到新中国成立时已具备了一定规模，初步形成了体系，在我国工业门类中具有独特性。新中国成立后，人民兵工直接转化为国营企业，成为共和国长子中的一员。新中国成立初期，经过调整改造和苏联援建后体系进一步完善，先后孕育了我国航空、航天、船舶、电子、核能等新兴国防科技事业，为国家机关和工业系统输送了大批管理及技术人才。

☆苏联专家指导兵工厂建设

调整组织管理

中华人民共和国成立前夕，人民兵工由各大军区或地方政府领导和管理。新中国成立后，对兵工厂进行重新整合，组建了33个兵工厂；由政务院重工业部归口管理（抗美援朝时期改由中央军委兵工委员会统管；此后主管部门先后变更为二机部、一机部、三机部，到改革开放时由五机部管理）。

技术改造和规范化、系统化建设

1951年1月4日，中央军委成立以周恩来为主任，聂荣臻、李富春为副主任的中央兵工委员会，筹划兵器工业第一次大规模建设。6月20日，中央兵工委员会作出《关于兵工建设问题的决定》，明确了调整改造方案。5月25日派出以总参谋长徐向前为团长，成员包括空军副司令王秉璋、中央重工业部副部长刘鼎、科技专家钱志道等在内的中国兵工代表团赴苏联。1951年10月，中苏两国签订《关于中国工厂获得制造苏联型式枪炮弹药特许权和交付苏式枪炮弹药样品、生产技术资料及必要时派遣苏联专家给予技术援助的决定》。1952年8月，周恩来、李富春率中国政府代表团访苏，商洽"一五"计划建设问题。1953年5月15日，两国签订《关于苏联政府援助中国政府发展国民经济的协定》；1956年4月7日又签订了补充协议。两个协定共确定援助项目156个，其中兵器工业24项（后撤销3项，实际建设了21项），主要有中型坦克、大口径高射炮、机载火炮、水中兵器、防化器材以及配套的发动机、弹药、火炸药、引信、光学仪器等。这批项目1953年开始筹建，1955年开工建设，1963年多数建成投产；总投资20亿元，建筑面积300多万平方米，增加设备1.5万台。建设过程中，1200名重要生产岗位的技术人员成批派往苏联对口工厂培训和实习；从苏联聘请712名技术专家，进行施工和生产试制指导。苏联专家提出几十万条合理化建议，80%被采纳。这些项目的完成，加上经过技术改造的老厂，初步形成了门类齐全，具有相当规模和一定水平的生产、科研、教育基本配套的兵器工业体系。

援助新兴国防科技工业

兵器工业作为国家最先建立的国防工业部门，是国防科技工业的基础，为支援国防科技新兴军工的创建，尽到了义不容辞的责任，作出了重大贡献。1951年4月17日，中央作出《航空工业

☆设立重工业部兵工办公室的文件

建设的决定》，重工业部决定以大连建新工业公司（81兵工厂）为基础组建航空工业局机关。兵器工业于1951年将哈尔滨21厂，1952年将株州282工厂厂址移交航空局，1956年将北京某研究所移交航空工业局，支援航空工业建设。1960年初，中央军委扩大会议确定发展国防尖端技术，实施"两弹为主，导弹第一"的方针。兵器工业服从国家大局，先后将火炮研究所研制地面设备的全部人员，845厂固体火箭推进剂研究所，南京307厂、北京547厂、川南化学工业学校、大同工业学校、重庆第一技工学校等单位，移交航天工业部门。由兵器工业支援其他国防工业部门的，还有核工业的523厂、电子工业的709厂、成都电子工业学校、无锡机械电子制造学校，船舶工业的874厂、872厂、884厂等。

输送人才，服务国家建设

人民兵工经过长期的战争洗礼，培养了大批优秀人才和工业建设的精英。新中国成立后，他们中间一大批人随军进入城市，参与接管工交企业，有的进入中央国家机关工作，当时几乎各个工业经济部门中都有兵工人的身影。特别在新兴国防科技工业创建时，兵器工业选派、输送了大批工程技术人员和管理干部，如航天工业某厂研究第一代火箭的7名工程师中就有4人是兵器输送出的，包括长征二号火箭总设计师谢光选院士等。

探索民品生产

1956年，毛泽东在先后听取赵尔陆汇报二机部工作、参加中央政治局扩大会议及最高国务会议上，反复强调国防工业要注意学会军用和民用两套生产技术本领，平时为民用生产，一旦有事，就可转为军用生产。据此，中共中央和国务院确定国防工业实行军民结合、平战结合方针。遵照中央的方针，兵器工业组织力量进行调查研究，制定方案，探索制造了大批民用产品，以满足当时人民生产生活需求。

☆建设中的兵工厂

（二）保家卫国不负使命

1950年6月，朝鲜战争爆发。应朝鲜劳动党和朝鲜政府的请求，中共中央毅然作出"抗美援朝，保家卫国"的重大决策；并成立以周恩来同志为主任，聂荣臻、李富春同志为副主任的中央军委兵工委员会，直接领导兵器工业的战时生产。

1950年10月19日，中国人民志愿军跨过鸭绿江，入朝作战。此时，全国第一届兵工会议正在进行。根据形势变化和中央关于全国兵工厂立即转入战时生产的决定，会议的中心议题当即转到支前生产上来，决定迅速向战时生产转变，并根据中国人民志愿军武器装备需要部署了最大限度的增产计划。

为适应战争形势，兵器工业进行了紧急战备搬迁，将沈阳地区一部分兵工企业转移到哈尔滨以北地区。时值严寒季节，兵工战士发扬艰苦奋斗、不怕困难的精神，仅用半年时间就完成任务，在哈尔滨以北地区新组建了8个工厂。

抗美援朝期间，兵器工业一方面全力以赴生产原有的武器、弹药，一方面千方百计研制新型枪械和前方急需的反坦克武器、高射武器等。626厂按照苏联枪械实样制造出一种冲锋枪，毛泽东亲自审核并批准授名"1950年式7.62毫米冲锋枪"，成为新中国第一个制式武器名称；大边81工厂试制生产出美式75毫米榴弹；127与724厂研制成功中国第一代反坦克火箭武器系统——90毫米反坦克火箭弹及其发射装置，以每月生产3万发的进度供应前线，在击毁美式坦克、打破美军"刺猬战术"、粉碎敌人的秋季攻势中立下了汗马功劳；重庆497工厂试制成功57毫米无坐力炮，1951年供应2014门，受到政务院嘉奖；太原743厂、山东732厂等，也研制生产出大批反坦克武器弹药。

各兵工厂抓紧一分一秒，努力保供。兵工战士提出了"一切为了战争的胜利"和"前方需要什么就生产什么、需要多少就生产多少"的口号，夜以继日赶制武器弹药。497厂大量生产的无坐力炮受到中央军委兵工委员会副主任李富春表扬："57无坐力炮有用，西南造的。好！"他们还派出4人参与战地服务组，在战地坑道举办训练班，

☆抗美援朝战斗中的迫击炮阵地

☆抗美援朝战斗中使用的90毫米反坦克火箭筒

教战士正确使用无坐力炮。121厂昼夜生产，全力为前线提供武器弹药。朱德总司令到工厂视察时，亲笔题词："一二一工厂同志们，努力工作，完成任务，支援前线"。据不完全统计，1950年10月至1953年12月，兵器工业共生产火炮8424门、火箭筒7682具、枪械60.8万支、炮弹和火箭弹1035万发、枪弹12.5亿发、手榴弹1360万枚、地雷11.5万个、火炸药10776吨，为抗美援朝战争的胜利作出了宝贵贡献。

（三）紧急战备动员

20世纪六七十年代，根据形势所需和中央决策，国家先后多次组织战备动员，紧急开展军品生产。兵器工业发挥核心骨干作用，为成功应对突发战事提供了有力保证。

1962年，国家安全遭受一系列严重威胁，兵器工业从一般性战备整顿转入临战生产。同年夏初，蒋介石集团趁国际反华逆流和国内出现的暂时困难，妄图以武力进犯东南沿海。中共中央于6月初作出"备战整军"的决定，向全军和全国人民发出了《关于准备粉碎蒋匪进犯东南沿海地区的指示》。在周恩来总理亲自领导下，由国务院国防工办组织武器装备和军需物资的生产。这次备战生产，兵器工业任务十分繁重，重点是研制生产滩头抗登陆作战的远射程压制火炮、大口径炮弹和适于滩头作战的轻便武器弹药，以及海军和空军所需弹药。品种多、数量大、时间紧，

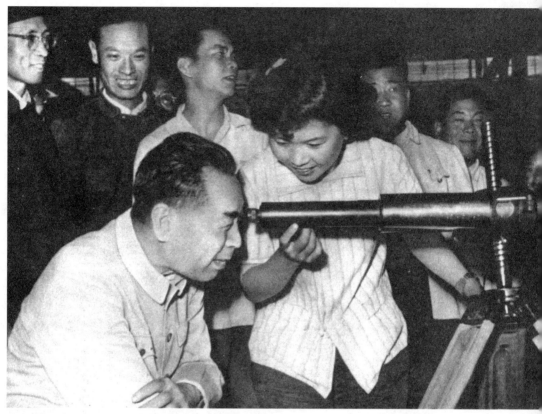

☆1962年6月20日，周恩来同志视察齐齐哈尔127厂。图为周恩来同志登上检验台，用窥膛仪仔细检查火炮管内膛的情况

远远超出了兵器工业的生产能力。具有光荣革命传统的兵工战士，克服困难，全力以赴投入备战生产；绝大多数企业改变了正常生产安排，实行日夜两大班工作制，突击生产。由于产能严重不足，兵器工业虽然开足了马力，但与备战的总需求仍有差距。为填补缺口，在国家计委的统筹安排下，另组织民用工业开展武器装备动员生产，重点是生产战时消耗量大的弹药。如82毫米迫击炮弹弹体，由辽宁、湖北、湖南等六省市组成了11条动员生产线；木柄手榴弹则在北京、上海和湖南三省市由19个民用企业组

成了3条生产线。这些动员线仅用了半年时间，就完成了选址、组线、改造、试制、定型等各阶段的任务，并分别生产出82毫米迫击炮弹22.8万发、木柄手榴弹23.7万枚。同时，还对缺门短项产品安排动员生产，如双管130毫米海岸炮因结构复杂，零部件既大又精，则选择了第一重型机器厂进行生产，发挥其设备与技术优势，组成小批量动员生产线，填补了大口径海岸炮生产的空白。这次动员生产，是新中国首次组织的全面动员生产，共涉及9个工业部门、67个企业，组织了20种武器或半成品、34条动员生产线。经过兵器工业和民用动员企业的共同努力，在不到半年时间里，就完成了战备第一阶段的要求，不仅配合中国人民解放军做好了迎战准备，也积累了兵工战时动员生产的经验。

☆"钢铁面包祖国造，管叫蒋匪吃个饱"，炮手们紧张愉快地忙碌着（炮击金门）

　　1962年10月，印军挑起边境事端，从中印边境东西两端入侵中国。人民解放军奋起还击，进行了中印边境自卫反击战。兵器工业的紧急战备生产任务更加艰巨，在产品种类上又增加了适应高寒山区作战的武器弹药，赶制出120毫米迫击炮、82毫米迫击炮、榴弹炮、加农炮、75毫米无坐力炮、40毫米火箭筒、自动步枪、手提式冲锋枪等武器和弹药，源源送往前线。

1964年8月5日，美国发动侵越战争，威胁中国安全。应越南政府请求，中国向越南援助武器装备和援建兵工厂。为此，国家再次组织了武器装备紧急生产，兵器工业承担绝大部分任务，并组织民用企业动员生产。3年时间，先后在15个省市、自治区建设了43条动员生产线，承担了高射武器及配套的瞄准具等20种武器弹药研制生产。据不完全统计，经军方向越南提供的援助武器装备有：枪支177.8万支、火炮6万多门、药弹10亿多发、炮弹1997万发、坦克552辆、装甲车320辆、炸药18240吨。援建方面共建设31个成套项目，其中迫击炮弹厂、枪厂、枪弹厂等8个兵工厂由兵器工业承担。为援建兵工厂，兵器工业派员赴现场规划和建设，在美军飞机的狂轰滥炸和热带丛林高温高湿环境下工作，克服巨大困难和压力施工，有的工厂建了又炸、炸了又建，赢得了越南人民的钦佩。

1969年"珍宝岛事件"后，遵照中央战略部署，国家计委又一次组织大规模战备动员，兵器工业更是紧急开展战备生产突击。这次动员地方企业生产的兵器，从枪械、火炮到坦克，涉及26个省、市、自治区和18个产业部门、300多家民用企业，组建了500多条生产线；抽调思想好、技术精的人员和好设备，采取"一厂一角，百厂成线"和组装集中、部件定点、零件分散的方式，承担坦克、高射炮、舰炮等重型武器及轻型武器生产，很快形成生产能力，完成了动员生产计划。其中，仅地雷一项，在"四五"计划的后3年，就动员生产了上亿个。当时，兵器工业正在进行大规模三线建设，许多企业克服困难，创造性开展工作，边搬迁建设边科研生产。1969年3月，珍宝岛事件发生，前线部队急需大批量40火箭筒。167厂收到任务，紧急召开全厂动员大会，有位首长甚至在会上说："完成任务开庆功大会，完不成任务开审判大会，累死了开追悼大会！"就是凭着这种大无畏的精神，兵工人完成了一次又一次紧急生产科研任务。

此外，以兵器工业为责任主体，我国还向朝鲜、阿尔巴尼亚等国家提供了大量军事装备和援建了军工成套工程，大大增强了许多第三世界国家反侵略和反颠覆能力。其后，随着国际形势的变化，许多动员生产线完成了历史使命，1988年调整后仅保留21条。

多次战备动员不仅生产了大量武器设备，为国防建设作出了贡献，而且为此后兵工动员积累了丰富的经验，也使国家工业布局得到优化。

（四）研制新型装备捍国防

1956年，中央发出了"向科学进军"的号召。国家科学规划委员会及时制定《1956—1967年科学技术发展远景规划纲要（草案）》，其中提出了发展装甲武器、常规武器、水雷、鱼雷以及防原子、防化学、防细菌武器的要求；二机部党组据此制定了火炮、枪械、光学仪器、弹药和坦克车辆等的12年科学发展规划。兵器工业根据中央精神和要求，完善科研体系，坚持"使用、生产、科研"三结合，大力推进技术攻关、设计试制、试验鉴定等工作，抓紧研制新型武器装备，在20世纪六七十年代取得显著成果。

加强坦克车辆、压制兵器、枪械及新材料、新工艺的研制。坦克车辆方面，先后研制成功适合我国水网、稻田、江河、湖泊、山区、近海等不同地形和气候条件作战的轻型坦克、水陆坦克和履带装甲输送车，提高了坦克、机械化部队在水网地区的机动性和作战能力。压制兵器方面，先后研制成功新型60毫米、82毫米、100毫米迫击炮，为迫击炮轻型化开辟了新的技术途径；研制成功的107毫米、130毫米火箭炮，使我国火箭炮技术水平提升了一大步。枪械方面，研制成功手枪、轻型和微声冲

☆82无坐力炮

锋枪、自动步枪、重机枪等轻型武器，重机枪的有效射程、杀伤效果、火力持续性达到了同期国际先进水平。新材料、新工艺研究和推广方面，成果也非常丰硕，主要有炮弹壳和枪弹壳以钢代铜、无镍稀土铸造轧制装甲钢、炮管膛线电解加工、枪弹钢棒下料和盂子镀铜代替复铜钢片、引信体和中小口径炮弹弹体冷挤压成型、枪管径向精锻、电泳涂漆、无机粘接、感应加热等技术。这些成就标志着我国兵工科学技术已发展到一个崭新的水平。

加强"三打"武器重点常规装备研制。根据中央军委关于武器装备的发展方针，以打飞机、打坦克、打军舰为重点，1966年起以发展高射武器为主，1969年以后以发展反坦克武器为主，抓紧研制新型兵器，取得良好成果。防空武器方面，通过改进和重新设计，大大提高了武器性能；舰载武器方面，不断优化创新，达到了性能先进；反坦克武器方面，研制成功一批新式破甲弹、无坐力炮、滑膛反坦克炮、火箭弹、空投子母弹、全塑反坦克地雷、火箭布雷车以及红箭—73反坦克导弹。

加强飞机、舰艇及"两弹"配套产品研制。在飞机配套兵器研制方面，成功开发出航空炮、航空机枪、瞄准具和照相装置等；在舰艇配套兵器研制方面，成功开发出水雷、鱼雷、深水炸弹及其发射炮、舰用机枪、小口径炮舰及炮弹等。此外，积极承担"两弹"配套产品研制任务，成功开发出系列高科技产品，有力支持了我国核武器和核事业发展。

（五）建设三线基地

20世纪60年代初，中国周边形势十分严峻，国家安全面临威胁。出于备战和抗御外敌的考虑，毛泽东按战略地位，把全国划分为前线、中间地带和战略后方，分别简称为一线、二线和三线。三线地区位于我国腹地，距西面国土边界上千公里，离东南海岸线700公里以上，在准备打仗的特定形势下是理想的战略后方。他提出："要准备帝国主义可能发动侵略战争，现在工厂都集中在大城市和沿海地区，不利于备战，工厂要一分为二，抢时间迁到内地去。"

1965年11月，中央批准国民经济第三个五年计划纲要，部署三线建设，拉开了这一大幕。沿海各大中城市的主要工业、国防工业及大量的工厂、科研单位纷纷内迁，在三线与后方安家扎根。其中，兵器工业三线基地建设1966年启动、1975年基本完成，前后历时10年，总投资40亿元（不含地方军工厂）；主要包括重庆、豫西、鄂西、豫北、晋南、冀西等基地建设，建成67个生产科研单位，改善了布局。1975年部属的156个企业中，有102个在三线地区；除主战坦克外，三线地区形成的生产能力占全行业的50%左右。

重庆基地建设

1965年2月21日，中共中央发出《关于建设以重庆为中心的常规兵器配套计划》的指示，批准重庆兵工基础建设规划。中共西南建设委员会与五机部商定，在重庆设立常规兵器工业建设指挥部，领导和协调基地建设。兵器工业重庆基础建设规划，第一批建设26个项目。指挥部采取分类规划设计、老

☆进入三线建设的兵工厂

厂包建新厂、大力协同、施工现场党委一元化领导等得力措施，广大职工和民工艰苦奋斗，建设进度较快，经验被五机部现场总结推广。第二批建设项目包括制造100毫米高射炮的8个项目和3个其他配套项目，于1966年9月相继开工建设。基地建设从1965年开始，到1970年基本建成投产。至1975年，累计投资12.9亿元，拥有企事业单位53个，职工14.8万人（其中工程技术人员1.1万人），主要设备2.7万台，建筑面积623万平方米，形成了具有特种军用车辆、大口径地面火炮、大口径高射炮、各种弹药、枪械、火炸药、引信、火工品、光学仪器及导弹装药等门类比较齐全、具有相当规模的后方基地。

豫西基地建设

豫西基地以生产大口径炮弹为主，分布在伏牛山区，总规划建设6个工厂。豫西基地建设吸取了重庆基地建设的经验，在选择厂址时，把工厂置于焦枝铁路沿线，力图交通运输方便；同时重视生产条件和协作配套，注重职工生活设施同步建设，并积极

采用新工艺、新技术，收到了良好的经济效益和社会效益。豫西基地的建成，使兵器工业在中原腹地建成了具有相当规模的大口径炮弹生产能力，改善了弹药工业布局，增强了战时应变能力。

鄂西基地建设

鄂西基地以生产火箭炮、光学仪器为主，计划建设9个项目。由于受到"文化大革命"的干扰，加之有的项目进山太深、交通不便，建设进度缓慢，20世纪80年代初才全部建成。

豫北、晋南、冀西基地建设。1970年，国家决定在豫北建设火炮生产基地，在晋南建坦克生产基地，在冀西建设装甲车生产基地。豫北基地计划建设13个项目，在缩短基本建设战线时，只保留了2个工厂。晋南计划建设17个项目，后在压缩基本建设战线时，只保留了7个项目。冀西建设工程计划建设7个项目，由于产品变化等原因，只保留了1个工厂。

此外，还建成了一批地方兵工项目，又称为小三线。在大规模三线建设中，毛泽东提出建设地方军工厂问题。1964年10月26日，中共中央批准地方军工第一批建设项目154个（后增至202个），投资9.4亿元，计划3年建成；实际实施中，又有项目撤销、新增、调整，最终建设268个。地方军工建设在各大军区、省军区和各省、市、自治区党委及政府的领导下进行，具体由地区国防工业办公室负责实施和管理，业务工作由五机部归口；主要包括机械配套、高射武器、TNT炸药等项目，所建工厂主要生产团以下轻兵器和弹药，装备民兵、地方部队，也供应野战军。

项目贯彻"靠山、分散、隐蔽"的方针，厂区布置依山就势，尽可能利用自然地形，沿山分散，工厂设计贯彻规模小、专业化、工艺新和协作配套的原则。从1965年开始实施，至1976年基本完成，历时11年，形成了较强的轻武器生产能力，较好完成了中央确定的战略部署。

三线建设是中国经济建设中一个重要的历史阶段，是国家对生产布局的一次重大战略调整，在当时起到过一定的积极作用。但由于三线建设是在战备形势下抢建的，以准备早打、大打为指导思想，为了求快，多数项目没有做好基本建设前期工作就仓促上马，又片面强调"靠山、分散、隐蔽"，不少项目进山太深、布点分散、交通不便，加上水源不足、地质条件差等，给生产留下了许多隐患和问题，给职工生活带来了很大困难。20世纪80年代后期，中央决定对三线企业"调整改造，发挥作用"，即"三线调迁"。主要是根据脱困发展和避免自然灾害的需要，将符合一定条件的三线企业搬迁出来、转移地方；并同步进行调整，有的实行转产，有的合并，有的进行技术改造，有的对外合资合作等。

其中，兵器工业按计划调迁71个厂、所，加上列入"十五"计划享受调迁减免增值税的5家企业，实际共调迁76家单位，转移职工11.4万名、家属18.6万名和设备近5万台（套），到2005年基本完成。这次调迁任务难度大，搬迁单位多，涉及面广，前后历时20多年。按照国务院的指导原则，调迁采取与贯彻"军民结合"方针相结合、与部分企业合分相结合、与技术改造相结合、与对外合资合作相结合、与老厂址处理相结合的"五结合"原则。为有条不紊地做好这项工作，从中央到地方、从主管部门到各个企业，积极谋划、部署、协调、组织作出了巨大努力。特别是调迁初期绝大部分企业亏损，发不出工资，所需资金主要靠贷款和自筹解决，很长时期处于困难中；许多单位职工集资建厂，积极开发民品，开展生产自救。

现在的107厂就是由9个三线企业迁并而成，大家称其"九九归一"，是全国最大的三线调迁项目。该项目1989年9月至2003

☆1965年，建安厂三线搬迁，建厂初期一批来自重庆的开拓者到青衣江边搬砂石、抬钢筋解决建厂用材

年11月4月实施，分"七五""八五"两批进行。"七五"项目将147厂、5007厂、5027厂、5037厂、5047厂5厂调整搬迁到重庆市巴县鱼洞街道，合并为107厂；"八五"项目将5017厂、5057厂、5067厂和257厂并迁或靠迁到107厂。9厂搬迁合并期间，干部职工历尽千辛万苦，克服重重困难，坚持边建设、边搬迁、边发展生产经营，基本做到了班子不散、队伍不乱、生产不停、资产不失、效益不减，充分体现了兵工人自力更生、艰苦奋斗的精神本色。

三、人民兵工精神在改革开放中丰富
（1978—1999）

1978年12月，党的十一届三中全会吹响了改革开放集结号，把党和国家的工作重心转移到经济建设上来。国防科技工业确定了"军民结合、平战结合、军品优先、以民养军"的十六字方针。从此，兵器工业结束了长达20多年的战备状态，步入军民结合新时期。面对国防建设和国民经济建设两个主战场，全行业适应历史性大转变，加快推进武器装备现代化，实施保军重大工程，探索发展军品外贸，积极进军民品领域，不断发展壮大。1991年9月15日，江泽民同志从全局高度和历史角度，对人民兵工创建60年来所展现出的精神风貌凝练概括，题写了"自力更生、艰苦奋斗、开拓进取、无私奉献"的人民兵工精神，鼓舞和激励兵工人不断创造新的辉煌。

（一）推进武器装备现代化

1977年12月，中央军委作出《关于加速我军武器装备现代化的决定》，要求"以最先进的科学技术，研究和生产最优良的武器装备，使各类装备按战略战术配套，实现系列化、通用化、标准化；主要野战部队快速机动，实现机械化；战略战役通信指挥、情报传递、侦察、预警、武器控制系统实现自动化"。

遵照这一指示，兵器工业转变观念，把加快新型兵器研制作为首要任务。制定兵器科研发展规划，确定1978—1980年为第一阶段，重点是改进现有装备；1981—1988年为第二阶段，加速新型装备研制，使我军装备接近、赶上或超过70年代世界先进水平。明确科技发展方向，细化实施步骤、任务安排、项目管理、推进方法，把企业作为科技工作主战场，狠抓重大工程、重点企业、拳头产品、关键技术。积极用高新技术改造和发展兵器装备，立足我国山地、丛林、海疆、高原作战需要，着眼于提高打击能力，重点发展了第二代主战坦克、红箭—8号反坦克导弹、钨合金穿甲弹等一批新装备，使我军装备水平迈进了一大步。

1995年第二次全国科技大会召开后，兵器工业制定和实施包括高新技术兵器开发工程在内的五大科技发展工程，进一步推进武器装备现代化进程和保军重大工程。军品科研重要条件保障投入31.71亿元，建成了坦克车辆、火炮、制导技术、火控摇控等一批技术研发中心，以及坦克传动技术、引信动态特性技术、常规兵器弹道技术、火炸药燃烧技术、柔性制造系统技术、高功率半导体激光技术等国家级实验室；成功开发出一批重点武器装备，炮射导弹、末制导炮弹、单兵云爆弹、激光制导炸弹、简易制导的远程火箭弹等技术获得跨越发展，5.8枪族等先进武器装备驻港部队，阅兵装备研制、生产和技术保障任务圆满完成。

"六五"期间兵器工业设计定型的新型兵器及其配套项目130项，"七五"时期圆满完成215项（含13个重点项目）设计和研制项目，一批项目荣获国家发明奖及科技进步奖。1991—1998年武器装备研制完成设计定型212项，荣获国家科学技术进步奖75项、国家发明奖55项、部级科学技术进步特等奖11项和一等奖98项，许多项目接近或达到国际先进水平，不少填补了国家空白。1999年国庆50周年阅兵式上，25个机械化方队中有15个展示了兵器工业研制的主战坦克、自行火炮、反坦克导弹、步兵战车等新技术装备；17个步兵方队中，战士手持兵器工业最新研制的5.8毫米小口径枪族。

☆04A4管25弹炮结合自行高炮

（二）打破军品外贸"禁区"

改革开放以前，兵器工业一直封闭管理。除20世纪50年代从苏联引进成套技术与设备、60年代援助部分国家建设项目外，其他方面的对外交往很少。党的十一届三中全会确定改革开放的基本方针后，兵器工业开始从封闭的小天地步入国际大市场，加强对外交流与合作。特别是1978年7月邓小平同志提出把军援改为对外贸易后，兵器工业抓住时机，破除"禁区"，积极开展对外贸易，不断取得良好成效。

重点组织军品出口。1979年4月，兵器工业首次参加广州春季交易会，组织了机械、化工、轻工3个交易团，展出50项产品，签订31项合同，成交额56万。数额虽小，但拉开了兵器工业进入国际市场的序幕。1979年5月，国务院、中央军委批准五机部《关于军品出口谈判的报告》，准许军品出口，打破了"不做军火商"的禁区。同年10月，兵器工业与外商签订了第

☆外贸155毫米火炮

一个军品出口合同，成交额约1000万美元。这是第一次军品出口，为国家创收了第一笔外汇。

1980年2月，国务院、中央军委批准五机部成立工贸结合、具有法人资格的中国北方工业公司（简称北方公司），负责兵器产品进出口业务。北方公司先后在广州、深圳、上海、大连、厦门、湛江等城市设立分公司，在中国香港、美国、联邦德国、荷兰、巴拿马、约旦、巴基斯坦、阿尔及利亚等十几个国家和地区设立驻外机构，成为兵器工业对外贸易的主要平台。

军贸的深入开展，使兵器工业在国内军品订货锐减的情况下，充分发挥了军品生产线的作用，动态储备了军品产能，搞活了经营，提高了经济效益。同时创收大量外汇，为开展军品科研和大上民品提供了资金支持，也促进了兵器工业的科学技术进步，加快了军品更新步伐。如617厂的69-Ⅱ坦克边出口边改进，先后改进了17个部件、100多个项目，性能不断提高，也为新一代坦克研制作了技术储备。

积极开展对外工程承包。仅1979—1985年，就先后与4个国家签订8个项目的工程承包合同，其中成套的新建项目4个（阿尔及利亚的步枪弹药厂和冲锋枪弹药厂，约旦的火炮中修厂和坦克中修厂）、改扩建项目2个（巴基斯坦的固体推进剂厂和坦克配件修造厂）、提供设备和技术服务的项目2个（向埃及提供生产火炮的技术资料、工装与毛坯，向约旦提供坦克小修用的部分设备、仪表等）。1986年后，对外工程承包范围进一步扩大，业务进一步拓展。北方公司坚持信守合同，认真组织物资设备和技术力量，如期完成合同，赢得了用户的高度信赖与好评。

（三）贯彻军民结合"十六字"方针

1982年1月，根据邓小平的提议，中共中央、国务院、中央军委确立了国防工业军民结合"十六字"方针。

兵器工业适应形势变化，积极探索新形势下的军民结合之路。在其发展史上，这已是第四次军转民了。此前，在抗战胜利后、新中国成立前后、"大跃进"时期，人民兵工也曾有过3次

☆1988年，北方奔驰载重汽车技术改造项目落户包头

☆1985年1月，
C62A铁路敞车在
617厂研制成功

短期的军转民，但都因形势的变化而终止。而这次不同于以往任何一次，它准确把握了时代主题，顺应了和平建设时期军工生存和发展规律，开启了兵工行业长期坚持并不断深化、到今天已上升到了国家战略层面的军民融合新时期。

从1979年开始的这次军转民，至1999年大体经历了以下三个阶段：

1979—1981年，为"找米下锅"的起步阶段。当时上民品没有资金建设生产线，只能由工厂挤出一些厂房和设备；没有民品技术资料，只能找些样品进行测绘；没有规划，国家尚未明确决定军品生产线的调整；生产民品，国家不给材料。在这种情况下，五机部党组一方面积极向国家计委、经委反映；一方面号召兵工企业自己想办法、找出路、渡难关。经过全行业艰苦创业，至1981年兵器工业民品产值达到了占工业总产值的20.6%。

　　1982—1986年，为计划指导与国民经济发展和社会需要相结合的阶段。在国家计划指导下，以"两类并举"和"四个服务"为指导思想，发展民用产品。"两类并举"就是坚持生产资料和生活资料并举；"四个服务"就是为国内市场服务，为能源、交通等重点行业服务，为技术改造服务，为扩大出口服务。兵器工业开始突出重点，发展16大类、700多种民品，产品结构发生了初步变化。1985年，民品产值占工业总产值的33%。

　　1987—1999年，为以市场为导向、初步形成具有行业优势的支柱产品阶段。1986年和1988年，在国家先后安排的国防工业两批军转民技术改造中，兵器工业建起了一批民品生产线，对军转民起到了一定促进作用。1988年12月，兵器工业确立了振兴民品的"三大系列，车辆为主"的开发方针；1991年调整为"军民结合，以军为本；三大系列，车辆为主"。三大系列就是机械产

☆1984年11月，第一批长安微车下线出厂

品、光电产品、化工产品，其中机械产品又以微型汽车、摩托车及重型卡车等车辆为主。按照上述思路，民品生产不断注入投资，引进生产线，积极开展合资合作，得到快速发展。到1999年，民品产值实现247.56亿元，占到了工业总产值的81.5%；从事民品生产经营的人数，占到了职工总数的3／5左右；逐步培育形成了一批支柱产品，特别是以长安微型汽车和嘉陵摩托为代表的车辆形成了规模和品牌效应，确立了在行业的优势地位。

长安微型汽车项目是1983年国家批准建设的，仅投资1亿多元，主要靠挖掘企业富裕能力建成年产1万辆的生产线，生产微型客车。到1993年，形成了年产3万辆的规模。经不断扩建改造，"九五"初期形成了年产10万辆的生产能力，成了国内微型汽车行业的排头兵。

1992年，国家批准长安奥拓微型轿车项目建议书，开启了兵器工业由微型客车向微型轿车拓展的新里程。该项目总投资16亿元，生产规模为年产5万辆。1995年初，国家又批准了年产15万辆的扩产项目。奥拓轿车在生产发展中，重点推进国产化，1996年超过了国家要求的80%的国产化水平。

到"九五"末期，中国汽车工业形成了"三大，三小，两微"的格局。兵器汽车产业以长安微型客车、长安微型轿车为代表，进入了"两微"范围，初步确立了在汽车行业的优势地位。

摩托车是兵器工业从20世纪80年代初开始进入，以引进日本"本田""雅马哈"产品技术为突破口，以嘉陵厂和建设厂为核心企业的民品。1990年，年产能超过100万辆，市场占有率达到47.6%，是兵器工业"头号民品"。进入"八五"时期，我国摩托车行业迅速扩张，市场无序竞争进入白热化。"九五"期间，兵器工业加快摩托车研发，并严格"以销定产"，加大市场开拓力度，推进工贸结合，逐步改变了产销脱节、产成品积压的被动局面。到"九五"末，嘉陵厂已形成7种排量、31个品种的摩托车系列，产能达到150万辆，1995年获得了"中国摩托车之王"的称号。1999年兵器工业摩托车销量为135万辆，嘉陵仍保持了行业龙头地位。

（四）组建两大集团

20世纪90年代后期，特别是党的十五大召开后，党中央、国务院、中央军委加快深化国防科技工业管理体制改革。1998年3月，全国人大九届一次会议通过国务院机构改革方案，决定将当时国防科技工业五个行政性总公司改组为十大集团，其中中国兵器工业总公司改组为中国兵器工业集团公司（以下简称兵器工业集团）和中国兵器装备集团公司（以下简称兵器装备集团）。

1999年6月23日，国务院分别下发《关于组建中国兵器工业集团公司有关问题的批复》和《关于组建中国兵器装备集团公司有关问题的批复》。1999年7月1日，召开十大军工集团成立大

☆中国兵器工业集团公司办公大楼

　　会，举行揭牌仪式。江泽民总书记发来贺信，朱镕基总理出席大会并作重要讲话，吴邦国副总理为十大集团公司揭牌。同一天，兵器两集团挂牌，开始正式运作，总部设在北京。

　　至此，原兵器工业总公司完成了历史使命，兵器行业所属企事业单位一分为二，分别作为成员单位划归兵器工业集团和兵器装备集团管理（部分单位由两集团共同持股）。其中，兵器工业集团拥有86家工业企业、32家科研事业单位、14家其他企事业单位、1家地区派出机构，共133个企事业单位（含部分持股单位）；兵器装备集团拥有64家工业企业、4家科研单位、7家其他企事业单位、1家派出机构，共76个企事业单位（含部分持股单位）。按照国务院批复精神，两集团由中央直接管理；实行总经理负责制，总经理、副总经理、总会计师由国务院管理；作

☆中国兵器装备集团公司办公大楼

为国家授权投资机构，对投资形成的国有资产依法经营管理并承担保值增值责任；作为军工企业，负有保军使命；作为企业法人和经济实体，依照《中华人民共和国公司法》规范运作；财务关系在国家财政中单列；公司设立党组，成员由中央大型企业工委任免。

两大集团的组建，是国家理顺国防科技工业产业体系的重要举措，也是兵器工业管理体制的重大转折，实现了兵器工业从政府管理向行业管理继而向企业经营的重大转变。新成立的两大集团不再承担政府职能和行政管理职能，实行市场化经营；政企彻底分开。其后，作为"自主经营、独立核算、自负盈亏、依法承担经济责任，具有法人资格的经济实体"，两大集团迅速转变思路，准确定位，加压奋进，开拓进取，开启兵器事业新征程，实现跨越式发展。

四、人民兵工精神在新的世纪中传承
（2000—　　）

　　进入新世纪，兵器工业翻开了新的一页。面对冷战结束后世界多极化发展但仍不太平、国际竞争日益演变为高科技和综合实力的较量、国家国防建设和国民经济发展两方面任务同样重要的新形势，兵器两集团始终秉持"国家利益高于一切"的核心价值观，传承和弘扬了"把一切献给党"和"自力更生、艰苦奋斗、开拓进取、无私奉献"的精神传统，大力提倡精益文化和科学精神，全面履行服务国家国防建设和国民经济发展两大使命，打好改革脱困攻坚战，开展新军事斗争准备，推进军民融合发展，深化对外开放合作，实现又好又快发展，书写了兵器工业新的传奇。兵器工业集团到2015年连续11年成为国资委考核A级企业，在《财富》世界500强企业排名134位。兵器装备集团到2015年连续9年成为国资委考核A级企业，在世界500强企业排名106位。

（一）打好改革脱困攻坚战

　　20世纪90年代，由于军品任务锐减，民品青黄不接，加上三线调迁改造影响，兵器工业陷入了困境。大批工厂停产、半停产，88%的企业经营亏损，全行业最高年亏损45.9亿元，沦为了国家四大特困行业之一。兵器两集团成立之初，面临摊子大、经济效益差、历史包袱重等困难，扭亏增盈成为当时两大集团的首要任务。新世纪初，在国家政策支持下，兵器两集团打了一场以政策性破产与重组、债转股与债务重组、主辅分离与辅业改制为主要内容的改革脱困攻坚战，为兵器行业从求生存到求发展转变、进而实现经济运行质量和效益的跨越式提升扫除了障碍。

按照国务院关于国有企业破产和职工再就业的有关规定，在全国企业兼并破产和职工再就业工作领导小组组织下，按照国家一系列扶持军工企业改革脱困的政策推进。1997年7月，5506厂与5227厂首先进入全国企业破产程序，依靠地方政府与企业的通力合作，向地方政府转交了厂办学校、职工医院、公安派出机构、生活设施部门，落实了人员安置。至2009年，兵器工业集团政策性破产62户，破产企业核销各类债务180亿元，减员16万人；兵器装备集团政策性破产35户，核销各类债务132亿元，减员15.6万人。企业通过破产重组，一次性解决了债务、冗员、办社会等历史遗留问题，优化调整了组织和业务结构，获得了新生和发展。

2004—2008年，根据国家《关于国有大中型企业主辅分离、辅业改制分离，安置富余人员的实施办法》，按照统筹规划、分步实施、规范操作、先易后难、稳步推进的思路，分5批逐步实施。兵器工业集团82户企业改制分流，核减国有资产4.1亿元，分流安置员工1400人。兵器装备集团83个辅业项目改制分流，1个整体项目改制退出；涉及总资产11.16亿元，分流安置员工6799人。两大集团241个项目、7亿元资产、2377名职工移交地方，中央财政给予资金缺口补助，缓解了企业办社会压力。完成辅业改制的项目，经营管理更加民主化，由福利型转为经营型，由无偿服务转为有偿服务，自负盈亏，自我发展，减轻了企业负担，促进了企业的发展。

为使债务较重的企业轻装前进，1999年国家出台企业债务转股份政策，对部分企业进行债权重组。2000—2012年，9家企业先后与四大资产管理公司签署债转股协议，转股金额15.5亿元。债权单位的债权转换为股份，参与监督企业经营活动，推动了企业健康发展。

在改革脱困攻坚中，两大集团上下不折不扣执行国家政策规定，坚定信心，打持久战，毫不松懈；积极主动，认真细致做好每项工作，特别是耐心细致做好思想政治工作，加强宣传引导，千方百计化解矛盾、疏导情绪，争取职工支持。一大批兵工人不计得失，自觉服从改革大局和政策安排，有的退出了领导岗位，有的失去了晋升机会，有的损失了应得利益，有的分流乃至下岗、失业离开了企业。正是他们的付出，换来了兵器工业的重整和新的发展。

（二）加强新军事斗争准备

新世纪初，国内外形势发生重大变化。特别是经过伊拉克战争，世界形成了美国的超级霸权，台独势力依旧嚣张，围绕东海石油、钓鱼岛及南海诸岛主权的斗争愈演愈烈，世界恐怖活动日益猖獗，美国等西方主要国家新军事变革步伐明显加快。

根据国际形势变化和武器装备发展趋势，按照我军武器装备现代化建设的新要求，兵器两集团以高度的政治责任感和使命感，履行"保军报国"神圣天职，进一步加强武器装备科研生产，积极应对新时期军事斗争。

完善武器装备科研开发和生产管理体系，确保组织协调有序，运转高效；优化机制，强化协同，建立内外联动、资源集成、产学研一体化的研发格局，形成"探索一代、预研一代、研制一代、生产一代"的发展模式。

大力开展重点实验室、科研试验设施、工程技术中心等科研保障条件建设，先后建成坦克车辆、火炮、制导兵器、弹箭、战斗部、火控指挥、稳瞄稳像、红外、微光、动力传动、引信、火工品、火炸药等大型国防科研实验室和不同类型的试验场，添置大批先进科研试验设施和手段；大力加强科技人才培养和队伍建设，提升科研软实力。

结合实施"九五"重点装备研制项目，全力落实新军事斗争准备工作各项任务不断取得重大突破和新的成果。

加强火炮、枪械、弹药、光电产品等常规武器研制，着力推进陆军装备机械化和信息化建设，在"防空反导、机动突击、精确打击、高效毁伤、轻武器、指控火控、感知探测、反恐处突"等方面逐步形成优势。

通过完善机制、调整结构、加大投入、重点攻关，两集团成立16年多来，武器装备科研和生产能力大为提高，在应对可能发生的局部战争和反恐处突、满足作战需要有了新的准备；兵器装备不断更新换代，体系化、信息化、自动化程度大为提高，使我军威胁力、战斗力及国家国防实力有了新的增强。

（三）践行军民融合发展国家战略

新世纪，和平与发展仍是世界主流，国家要求军工企业深化军民结合、加快保军转民结构调整步伐。2016年，中央政治局会议审议通过《关于经济建设和国防建设融合发展的意见》，将军民融合发展进一步提升为国家战略，深刻指出："这是党中央从国家安全和发展战略全局出发作出的重大决策，是在全面建成小康社会进程中实现富国和强军相统一的必由之路。"兵器两集团坚决贯彻执行党和国家战略方针，克服产品特殊、军民兼容性差的困难，奋发进取，励精图治，在原有基础上进一步拓展汽车、新能源、装备制造、特种化工、光电等领域民用产品，不断形成优势，取得了新的更大发展，实现了历史性突破。

☆2012年9月，时任中国兵器工业集团公司总经理张国清参加第四届中国（太原）国际能源产业博览会

兵器工业集团通过专业化重组、合资合作、改制、上市、低成本扩张等多种途径，做强做大主导民品和优势民品，推动规模化经营，不断取得新突破。

重型车辆与装备产业

相关企业近10家，主要产品有北奔重型载重汽车、TEREX矿用车、北方华德尼奥普兰客车、湖南江麓塔式起重机、铁路车辆和车轴等。北奔重卡是20世纪80年代后期，国家为改变汽车工业"缺重"局面，全套引进德国奔驰重车生产技术建成的，拥有国内一流的汽车总装、车轿加工、分动箱加工、大型驾驶覆盖件和车架成型冲压、艾森曼喷漆、车辆检测等大型生产线；2003年，集团在兵器系统内部对重型车辆进行整合。2006年，重型汽车产销成功突破10000辆，并列入了我军装备采购型谱。TEREX矿用车辆现有生产能力500辆，在国内行业排名第一，市场占有率85%。铁路车辆整车产品已经涵盖铁路货车、罐车及煤炭漏斗车、矿渣车等非标车辆，拥有先进制造能力和专业的敞车、罐车生产线。铁路车轴产品在国内同行最先取得美国铁路协会AAR生产许可证，现国内50%的客车车轴和全部地铁、轻轨车轴均由集团生产提供。

特种化工与精细化产业

集团拥有TDI、TDA、DTI、氯碱等化工产品，2008年已分别形成10万吨、7万吨、18万吨、6万吨生产规模，近年来进一步巩固和扩大。2005年，自主设计建设的年产2.4万吨的TDI生产线一次投产成功。2006年，5万吨TDI扩产项目一次投产成功并实现高负荷平稳运行后，使我国一举成为世界上少数几个掌握TDI核心生产技术的国家之一。这次利用世界先进的模拟计算机软件，成功设计出TDI成套制造技术工艺软件包，拥有了该产品核心工艺知识产权，打破了国外对TDI的技术垄断。硝化棉产业包括甲苯

☆银光集团含能材料产品生产线

硝化产品及其衍生物等产品，产销量位居全球第一。乙烯产品在2006年集团并购华锦化工后，成为国内除中石化、中石油、中海油外的唯一一家生产企业，生产规模达到18万吨/年。集团下属华锦化工已成为中国500强之一，以生产和销售化肥、聚烯烃树脂等产品为主，其产品和技术在行业具有一定优势。特别是经过不断改进和对外并购扩张，保持了良好的经营业绩，发展潜力大。集团2006年3月以资本金出资方式对该企业进行增资扩股重组，使石油产业、常规火炸药产业和精细化工产业形成产业链，成为新的经济增长点。

光电材料与器件产业

集团已形成光伏电池研发、生产、安装应用的完整产业链条，制造技术在行业居领先地位；拥有LED衬底材料及芯片制造、器件封装、LED应用产品的完整产业链，已形成芯片—封装—照明应用的完整生产与开发体系；微光夜视仪现有生产能力5000具/年，主要出口国外，产销比较稳定；红外测温仪系列产品现有生产能力1000台/年。

兵器装备集团以先进制造为根本方向，在原有基础上不断拓展领域、拓宽市场，并逐步调整优化结构，培育、筛选、做大做强有竞争力的优势民品，着力构建现代产业体系。2003年，形成了汽车及零部件、摩托车、光电三大产业；"十一五"末，汽车产业进入国内第一阵营，新能源产业迅猛发展，摩托车产业保持行业第一，装备制造成为集团主业板块，光电及医药、化工等产业

☆2012年5月，时任中国兵器装备集团公司董事长、党组书记徐斌到合肥的投资项目调研

稳步发展；"十二五"末，形成了以汽车最为突出，并重点发展输变电、装备制造、光电信息及金融服务的现代民品产业体系。

汽车产业

瞄准世界一流，坚定不移走正向开发道路，由小到大、由弱到强，2015年实现营业收入2500多亿元，占兵器装备集团总收入一半以上，成了兵器工业军转民的杰作。目前，长安汽车已稳居国内行业第一阵营，品牌价值居国内同行之首；特别是长安自主品牌汽车在国内首家累计销量突破千万辆、自主乘用车年产销过百万辆，已连续8年蝉联我国汽车行业研发能力第一。集团成立后，将其摆在发展民品产业最优先的位置。2005年，进而将8家整车企业和20余家汽车零部件企业整合，成立中国南方工业汽车股份有限公司（2009年7月1日更名为中国长安汽车集团股份有限公司，简称中国长安集团）；2009年11月又合并中国航空工业集

☆中国兵器装备集团公司党组书记、董事长唐登杰检查指导工作

团公司旗下汽车资产，组建新的中国长安集团（中航汽车资产以170亿元作价，占股23%），进一步整合资源、做大做强，从而促进了汽车板块的跨越式发展。

摩托车产业

集团该产业有过特别辉煌的历史，曾作为军转民的经典之作，一度被广泛宣传推广。1996年中国摩托车由卖方市场向买方市场急剧转变、行业出现整体下滑后，集团摩托车同样受到了冲击，开始出现亏损。1999—2003年，兵器装备集团实行"一分、二联、三整合"，推行军民分线、主辅分立、摩托车与非摩托车业务分开，实施战略联合、业务重组；各企业积极拓展国际市场，加强技术创新、新品开发和营销工作，摩托车产销规模在行业低迷中不断扩大，出现了恢复性增长。2004—2010年，集团摩托车实行"136整合转型发展战略"和"3321"方案，强化专业化管理和规模效应；集团重组济南轻骑，建设收购雅马哈股份，嘉陵和建设退城进郊、实施军民分立破产，摩托车产业持续扩大规模并保持了行业第一，销量由2003年的189.02万辆增长到2010年的523万辆。

☆由保变电气自主研发制造的欧盟"国际热核聚变实验堆(ITER)计划"项目——出口法国核变电站核聚变试验用3台300MWA 400kV主变压器全部一次试验成功

输变电产业

这是集团2007年通过重组保定天威集团有限公司新进入的产业领域，产品主要有变压器、电抗器、互感器等特高压输变电及成套设备。最初，集团将其与特殊钢及制品、石油机具、液压支架、液压油缸等产品一起，纳入装备制造产业管理。后来发展势头强劲，体量快速增大，逐步在装备制造产品领域脱颖而出，成为一个独立的产业板块。近年来，集团输变电产业瞄准行业一流和世界前沿，在创新上下狠下功夫，积极转型升级，保持了又好又快发展。2015年，实现营业收入60多亿元，特高压、大容量交直流产品市场占有率稳居行业前三名。

（四）对外开放的桥头堡

在国家实施对外开放特别是打破军贸"禁区"后，兵器工

☆北方奔驰重型载重汽车维和车出口

业对外军民品贸易及合资合作日益扩大，到20世纪末两大集团成立时已经有了一定规模，在军工集团中居于前列。两大集团成立后，进一步加大力度，在原有基础上扩大范围、拓宽领域，在引进来的同时更多地走出去，对外业务交往与合作取得重大成果，创造了许多成功事例，成为了国家新时期全方位对外开放和"一带一路"建设的重要桥头堡。

兵器工业集团以"一带一路"国家战略为指引，大力实施军贸"三个转变""三个升级"；2007年在内蒙古组织压制兵器实装实弹射击演示，让来自12个国家的驻华武官和军贸代表团现场观摩，通过集中展示高技术复杂武器系统促进营销。通过思路和方法创新，推动对外军贸发展，集团军品外贸年均成交1000万美元以上的国家和地区达到25个以上，产品广泛进入海湾、中东、西亚、南亚、北非、东非、中非等世界主要军需市场。

出口产品从劳动密集的望远镜、服装等，到技术密集的汽车、摩托车、新能源及输变电设备、光机电产品等，形成多品种格局。汽车、摩托车产品走向了全球；输变电产品出口美国、加拿大、日本等40多个国家和地区；风电装备出口快速发展，成为国内首家给国外电力企业批量供货的制造商；光学材料和光电产品销往日本、韩国、美国和欧洲等世界各地，其中投影机合色棱镜市场占有率位居第一，光学玻璃产销量稳居世界第一。

兵器工业集团与日本、韩国、美国、法国、德国、瑞士、中国香港等国家和地区，组建了北方阿特拉斯工程机械有限公司、北京世东凌云汽车饰件有限公司、西安惠大化学工业有限公司、上海大晨光电科技有限公司等50余家中外合资企业，涉及机械装备、精细化工、光学电子、汽车零部件等产业。兵器装备集团自成立至2003年末，对外投资6家境外企业；2004—2010年新建境外企业及机构9家，其中嘉陵摩托在巴西和印尼、建设摩托在印尼和非洲、济南轻骑在澳大利亚、天威集团在美国投资建厂，长安汽车在意大利都灵和日本横滨设立研发中心；"十二五"期间，所属长安汽车在英国诺丁汉、美国底特律等设立研发中心，形成"五国多地、各有侧重"的全球研发体系。

2004年，中国北方工业公司签下伊朗德黑兰地铁四号线建设

☆承包伊朗德黑兰地
铁四号线

项目，为我国国防工业利用自身优势带动国际工程承包及大宗机电产品出口提供了成功范例；合同总金额8.36亿美元，成为我国此前对外单一工程承包金额之最。该项目的实施，带动了我国5亿多美元的技术密集型机电设备出口；我国铁路机车车辆工业、通信信号工业、机械电子工业及建筑行业数百家企业为该项目配套提供设备或参加分包建设，从中受惠。

自1989年起，兵器工业就涉足了海外石油业务。1999年兵器工业集团成立后，继承并进一步扩大该业务。于2003年成立专门从事海外油气勘探开发及石油贸易的振华石油控股有限公司；并投资参股叙利亚戈贝贝油田项目。2004年进一步明确推动战略资源产业化的发展目标和重点，先后与巴基斯坦、伊朗、俄罗斯、哈萨克斯坦等国签订石油开发服务合同，其中许多合作伙伴属于或位于"一带一路"沿线国家。目前，集团海外石油业务已形成规模，未来发展潜力巨大。

（五）模范履行社会责任

　　责任担当是兵工人的一贯作风。不论是战争年代的人民兵工，还是解放后的兵器工业，无不一切为了党的事业、民族利益、国家前途和人民幸福。兵器两集团成立后，继续弘扬光荣传统，坚持把责任扛在肩上。在构建和谐社会新时期，作为特大型央企，两集团不仅严格认真履行政治责任和经济责任，还高度自觉履行社会责任，持续强化安全生产，大力推行节能减排，积极支持公益事业，努力回报社会，为国分忧、为民造福。2010年后，坚持按年度公开发布社会责任报告，定期公布集团及下属机构社会责任履行情况，公开接受社会评价，得到各界广泛好评。

　　加强安全生产，提高产品质量，推进节能减排，对用户和员工、对社会和环境高度负责。坚持安全第一，在军工生产火工品多、危险源多、隐患多的形势下，实现了全行业安全生产平稳。

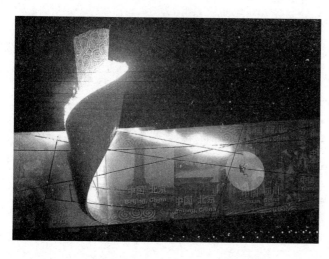

☆由中国兵器工业集团公司研制、生产、安装的点传火装置完成点燃北京奥运会主火炬任务

坚持"军工产品质量第一"，确保了军品特别是重大装备质量可靠，大量产品一次交验合格率近100%；主要民品质量水平在同行处于先进，一批产品获评中国名牌。坚持"绿色发展"，推广清洁生产，厉行节能减排，建设"绿色中国"，万元工业增加值、总产值综合能耗逐年递减，在工业总产值大幅增长的情况下实现了主要污染物排放总量不增反降。发挥军工技术优势，积极参与和助力北京奥运会、上海世博会、广州亚运会等国家重点工程，在场馆建设、交通运输、应急救援、泛光照明、水处理等方面发挥了重要作用。积极研制环保产品，节能电机、绿色汽车、太阳能电站等不断成功开发。长安汽车于2001年6月率先进入新能源汽车研发领域后，致力于汽车节能环保技术研究和产业化开发，实现了中国第一辆混合动力轿车产业化上市，积极践行国家倡导的"绿色发展"理念。

积极参与社会公益事业，在扶贫帮困、捐资助学、志愿者活动等方面作出贡献。两集团每年安排专项资金投入社会公益事业，用于援建希望小学、对口扶贫、捐助等。投入专项资金，参与重庆市、国家林业局发起的"绿化长江"行动；在小平故里捐建"长安汽车林"，以植树造林的绿色环保行动演绎社会责任；连年赞助重庆国际马拉松赛，支持体育竞技活动；承办"青少年高校科学营——兵器专题科技营"活动，开展国防教育；2011年，出资1000万元对官田中央兵工厂旧址群进行修复，打造军工教育基地，促进地方经济发展，造福老区人民。参与公益的范围

☆兵器工业集团向兴国县捐赠兵工助学款和兵工电脑室

日益扩大，投入日益增加，成效日益显现，相关案例不胜枚举。

发挥大型央企示范带动作用，在抢险救灾中走在前列。在地震、洪涝重大灾害发生时，两集团每次都责无旁贷、使命担当，冲在抗灾前列。2008年四川汶川"5·12"大地震发生后，兵器工业集团组织全系统捐款捐物价值近7000万元，发动党员交纳特殊党费1308万元，紧急调派一批高科技设备和工程人员、医护人员驰援救灾，多家单位和个人受到国务院国资委表彰；兵器装备集团一方面组织直接受灾的下属单位开展自救，一方面带领全行业捐献现金2000多万元，援助汽车一批、摩托车1000辆、帐篷200余顶及大批药品、生活用品，发动党员自愿交纳特殊党费数

☆长安汽车（集团）公司抗震救灾捐赠

百万元，组织应急分队，参与现场救灾，荣获“企业社会责任贡献奖”。此外，在抗击2010年旱灾和甘肃玉树地震、2012年云南省彝良地震及暴雨灾害、2013年四川雅安“4·20”地震、2014年云南鲁甸地震及2015年天津港特大爆炸事故防化中，两集团每次都积极捐助，奉献爱心。

响应国家号召，开展定点扶贫。兵器工业集团定点扶贫云南红河县和黑龙江甘南县，兵器装备集团定点扶贫云南泸西县和砚山县。两集团累计投入超亿元资金，用于定点地区改善基础设施、发展产业项目、建设生态示范村、修建敬老院和安居房、实施通水工程、组织异地搬迁、建校助学等。发动成员企业在产业发展、产品销售、教育培训、项目赞助等方面给予定点县支持，发动广大员工向定点县贫困母亲捐赠"母亲邮包"。向定点县有关村镇派出多批社会主义新农村建设工作队指导员，驻村挂职，参加当地新农村建设工作。近年来，派出得力干部到定点扶贫县挂职副县长，派出工作人员到基层村镇任党总支、党支部书记等职务，现场蹲点扶贫。"十三五"起步之际，两集团专门制定了各自定点扶贫新的五年计划，确定未来将大幅度增加投入和加大力度，实行精准扶贫，目前相关工作已全面铺开。

五、人民兵工精神在党的关怀下升华

实践是精神产生、发展的首要基础。人民兵工精神，源于党领导的中国革命、建设和改革事业的伟大实践。一代代兵工人用热血和生命，开创了人民兵工事业的伟大壮举，在中国革命思想理论的指引下，在中华民族优秀传统文化的滋养下，凝练形成了特定的人民兵工精神内涵，成为感召、凝聚和推动人民兵工事业的强大精神支撑。

（一）党和国家领导人的亲切关怀

在党领导的革命、建设和改革的不同历史时期，党中央高度重视兵器事业，党和国家领导人饱含对人民兵工的无限深情和殷切关怀，在不同时期指引着人民兵工的前进方向，如同阳光雨露，照耀浇灌着人民兵工精神之树生根发芽、茁壮成长。

☆1958年3月28日，毛主席亲临建设厂视察

毛泽东："为建设强大的国防军而奋斗"

毛主席对官田兵工厂非常关心。1933年3月，毛主席接见官田兵工厂工会委员长马文，指示兵工厂要用团结、教育、启发、诱导的方法正确处理工人之间的矛盾。当时经地下党组织从上海动员来的6名技术工人由于条件艰苦，担心地下党组织承诺的60元月薪（60元月薪是当时苏区大部分工人月薪的3～4倍）不能兑现，有时工作不太积极，群众意见较大，建议开除他们。马文请示毛主席。毛主席指示：这6名工人是能够争取过来的，兵工厂仍按60元月薪发半年给他们。同时亲笔写了两封信。一封写给6名工人，启发他们提高阶级觉悟；一封写给工厂，把教育任务规定了下来。几个月后，这6名工人中2名光荣加入了中国共产党，都很积极地工作，他们还主动提出减工资，并在一次募捐大会上将半年的工资全部捐献出来慰问红军。

1937年9月，八路军在平型关首战告捷。消息传至延安，身居窑洞的毛主席喜中有忧。喜的是此战威震海内外，极大地鼓舞了全国军民的抗战热忱；忧的是"八路军武器装备太落后了，蒋介石给的那点东西，口惠而实不至"。善于从战略高度思考问题的毛主席拿定主意，"八路军得想办法，劈开一条自己生产武器弹药、自己装备自己的生路"。10月，他给周恩来、朱德等人写信，要求"必须在一年内增加步枪一万支，主要方法自己制造"。

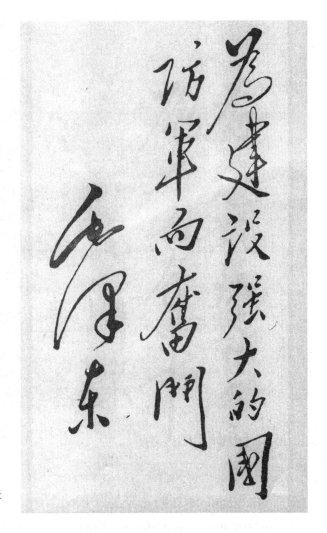

☆毛主席为全国战斗英雄代表
会议题词

　　随着抗日战争的发展，对军火的需求量与日俱增。1938年
6月，当时八路军是一个战斗班只有三五条枪，有的战士不得不
用古老的长茅和大刀片同敌人拼杀。毛主席在中共六届六中全会
上要求设法建立兵工厂，多生产武器弹药，会议作出了"提高军

事技术，以建立必要的军火工厂，准备反攻实力"的决议。据此，各根据地军民发扬自力更生、艰苦奋斗的革命精神，因地制宜兴办了一大批兵工厂。

1939年5月1日，茶坊兵工厂自制的第一支步枪送到延安桥儿沟展览。毛主席参观后勉励大家：要创造条件，多生产，狠狠打击日寇。

在共和国成立前夕的第一届中国人民政治

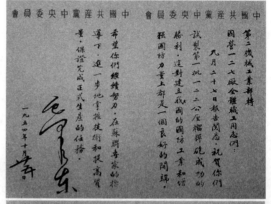

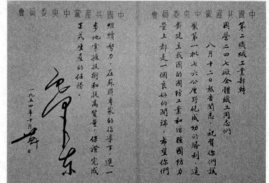

☆1954年10月25日，122毫米榴弹炮和76毫米野炮试制成功。毛主席分别向127厂和247厂发出嘉勉信。

协商会议上，毛主席庄严宣布："我们将不但有一个强大的陆军，而且有一个强大的空军和强大的海军"。

1950年9月，毛主席为全国战斗英雄代表会议题词："为建设强大的国防军而奋斗"。

1950年10月26日，毛主席批准626厂仿制的50式7.62毫米冲锋枪定型。这是新中国制式化武器的第一件，也是历史上经毛泽东批准设计定型唯一的一件制式装备。

78

1951年5月，总参谋长徐向前率团前往苏联，谈判引进苏联先进军事技术，毛主席为他饯行时指出：帝国主义如此欺负我们，我们没有自己的兵器工业，不解决部队武器装备问题是不行的。要学习苏联，把先进技术拿到手，自力更生，建设一支强大的国防力量。

　　1964年5月，毛主席在听取计委汇报"三五"计划时指出，"打仗，我还是寄希望于步兵。"

　　1964年7月，毛主席检阅北京、济南部队汇报表演时指出，一方面要有尖端，但主要是人民战争。未来战争中，仍然要重视步兵武器。20世纪50年代，在毛主席的亲切关怀下，兵器工业成果累累，战绩辉煌，成为工业战线的一面旗帜：提前一年零四个月完成第一个五年计划总产值指标，出色完成战备紧急生产，为全面夺取抗美援朝胜利作出重大贡献；"一五"期间兵器工业完成总投资占全国机械工业的38%，使原本十分落后的兵器工业一举跨入现代化工业的行列；通过仿制苏式兵器，我国陆军武器装备率先实现了制式化和国产化，结束了中国兵器工业不能生产重型装备的历史。当制式化的重型装备54式122毫米榴弹炮和76毫米野炮率先试制成功时，1954年10月25日，毛主席亲自向两个兵工厂签发了嘉勉信，以资祝贺与勉励。

　　1956年，在朝鲜战争结束、军品订货减少的大背景下，毛主席多次强调，国防工业要学会军用和民用两套生产技术的本领。

☆毛主席在兵器馆听取55式37毫米高射炮性能的介绍

1958年3月28日下午，毛主席亲临重庆建设机床厂视察。在工人们热情的掌声中，毛主席来到总装车间，兴致勃勃地观看总装生产线，详细地询问生产流程。在冲压车间，毛主席俯下身子仔细观看产品后，非常满意地同工人们一一握手勉励工厂职工生产更多更好的步枪装备部队。这是毛主席视察过的唯一的一个兵工厂。1958年6月20日，毛主席看到547厂生产的水旱两用"巨龙牌"拖拉机，高兴地连声对厂长李殿隆说：很好、很好！谢谢你们，谢谢工人同志们！

1960年3月27日，毛主席批示，将"两参一改三结合"作为社会主义企业的原则之一，纳入著名的《鞍钢宪法》。《人民日报》将"两参一改三结合"的"三华经验"称作"改革企业管理工作的重大创举"。

1962年开始，中苏关系恶化，形势严峻。毛主席提出，要准备帝国主义可能发动侵略战争，搞不搞三线建设是革命不革命的问题。有光荣传统的人民兵工，响应党中央、毛主席号召，历尽艰辛，勇往直前，顺利完成了三线建设任务，创造了无数可歌可泣的动人奇迹。

1964年毛主席指示：各省要搞兵工厂，要自己造步枪、冲锋枪……于是，全国除西藏、台湾地区外，所有省市开始了长达近20年的小三线建设和动员线建设。先后建设了30多个步枪冲锋枪厂和20个枪弹厂，以及70多条步枪冲锋枪动员线，创造了中国枪械历史上的又一大奇迹。

邓小平："不做军火商看来不行，军工产品要出口"

邓小平同志作为我国改革开放和现代化建设的总设计师，一直十分关心和重视兵器工业的改革与发展，提出了许多富有独创性的科学论断和重要思想，成为邓小平理论体系的重要组成部分。

1965年11月15日，邓小平同志来到重庆建设机床厂视察工作，在生产现场同工人和干部亲切交谈，了解情况。当厂长汇报军品流水生产线时，他说，这不能叫流水线生产，这是接力赛，要把生产人员压缩到1/3，有高效先进设备那才能叫流水生产线。邓小平同志的重要指示，给了职工极大鼓舞，为工厂在1966年创军品生产最高历史纪录奠定了思想基础。

1975年，邓小平同志在一次重要军委扩大会议上指出，战争不是三五年内一定打得起来的，有可能推迟。

十一届三中全会后，提出"和平与发展是当代世界的两大主题"的著名论断。在总结历史经验的基础上，邓小平同志明确指出："四个现代化，集中起来讲就是经济建设，国防建设没有一定的经济基础不行"；"军队要服从整个国家建设的大局，照顾这个大局，而且要在这个大局下面行动。大局好起来了，国力大大增强了，再搞一点原子弹、导弹，更新一些装备，空中的也好，海上的也好，陆上的也好，到那个时候就容易了。"这是毛泽东在《论十大关系》中"只有经济建设发展得更快了，国防建设才能有更大的进步"这一重要论述的继承与发展。

☆1964年4月8日，邓小平同志到617厂视察

　　1978年，邓小平同志批判了苏联单纯的国防工业体制，指出："外国没有什么专门搞军用的。我们搬的是苏联制度，是浪费，是束缚技术发展的制度。"他传承毛泽东关于军工企业要学会军民两用两套本事的指示，坚定不移地推行"军民结合"的方针。他指出："国防工业设备好，技术力量雄厚，要把这个力量充分利用起来，加入到整个国家建设中去，大力发展民用生产。这样做，有百利而无一害。"

　　1978年7月1日至2日，他用了两个半天，专门听取五机部工作汇报。他指出：军费不能增加，军事订货要减少，兵器工业要有思想准备。你们90万人，至少要拿出一半搞民品。将来自动化了，可以用2/3的人搞民用。

1982年1月5日，邓小平同志在听取有关国防工业问题的汇报时，把国防工业的"十六字"发展方针中的"以军为主"改成了"军品优先"，使之定格为"平战结合、军民结合、军品优先、以民养军"。其一字之改，既准确地阐明了和平时期国防工业的重要性，又阐明了国防工业在和平时期的恰当地位。在"十六字"方针的指引下，兵器工业开始了艰难的军转民创业。

十一届三中全会之前，兵器工业从1961年起，就在国家的统一组织下，对外实施经济技术援助。但坚决贯彻"不做军火商"的指示，军品出口完全处于封冻状态。1978年7月1日，邓小平同志在听取五机部工作汇报时，对于军品出口明确指出：要改变过去无偿援助的方式，军品出口和军工项目出口都要以硬通货方式支付。

☆1965年11月15日，邓小平同志到建设厂视察

1979年1月6日，邓小平同志在一次谈话时指出：不做军火商看来不行，军工产品要出口。

1978年底，五机部获得了一份出口59式坦克的订单，正式向中央报送了《关于军品出口谈判情况的报告》。1979年4月，邓小平同志在报告上批示：同意积极进行。这第一单合同虽然最后没有执行，然而邓小平同志对军品出口明确而坚定的支持，使得禁锢几十年"不做军火商"的坚冰终于被打破，为兵器工业的发展打开了一扇新的大门，迎来了兵器工业军品外贸工作的春天。

1979年8月，兵器工业完成了第一批武器弹药的出口。1980年2月，中央军委批准成立中国北方工业公司，着力推进军品外贸。1979—1989年，兵器工业在国务院、中央军委的正确领导下，在有关部门的大力支持下，抓住历史机遇，军贸越做越红火，取得了令人瞩目的成就。

邓小平同志非常关心军品质量。1975年8月3日，他在国防工业重点企业会议上指出：质量问题很重要，特别是军工产品。在战场上关键时刻有几发炮弹打不响，就会影响整个战斗。现在军品是现代化武器，更要注意这个问题。我最近看到一些材料，说质量好的和比较好的达到95%以上。你们切不可满足于这些数字，这个话以后少讲为好。质量问题与建立规章制度有关，没有必要的责任制度，质量难以保证。这方面要很好地整顿。同时，科研工作要抓紧，因为现在确实有好多军工产品，由于技术没有过关不能正常生产。

江泽民："就是要有敢打硬仗的精神"

1991年4月15日，江泽民同志来到建设机床厂视察。他详细询问了工厂的基本情况，对工厂近年来经受住政治和经济的严峻考验，实现产值9.2亿元，利税1.5亿元，为国家做出了贡献表示满意，并说："1.5亿，不少。"当江泽民同志听到"团结向上、爱厂如家、吃苦耐劳、敢打硬仗"的建设精神时，高兴地说："这种精神好，就是要有敢打硬仗的精神。"在视察结束时，江泽民同志对建设厂提出殷切希望并签名留念。

1994年10月13日，江泽民同志来到重庆长安公司视察。他听取了工厂发展情况介绍，并参观了总装车间、冲压线、焊接线以及在建的大冲线。当他了解到工厂汽车产量不断扩大时，关心地问："特种产品怎么办？会不会因此受到影响？"陪同的公司领导汇报说，兵器工业关于"军民结合、平战结合、军品优先、以民养军"是长安遵循的发展方针。当进一步了解到长安特种产品发展规划后，满意地笑了。并表示，"这个厂搞得不错，民品好，军品也不错"。

人民兵工创建60周年之际，国防工业神剑文学艺术协会召开年会，辽宁国防工办主任陈琪同志建议，国防工业应该提炼出自己的军工精神。得到了周一萍主席和与会者的赞许。兵器工业部原副部长庞天仪汇报了兵器工业总公司对兵工精神所概括的十六个字，获得了会议一致的认可。周一萍主席将此十六个字与另两个方案一并呈送江泽民同志审阅，并敬请江泽民同志为军工精神

☆1991年4月15日，江泽民同志到建设厂视察

题词，江泽民同志选中了十六个字的方案并欣然命笔，挥毫泼墨，于1991年9月15日写下了具有历史意义的珍贵墨宝，从而使"自力更生、艰苦奋斗、开拓进取、无私奉献"这十六字的兵工精神获得了确认。

这十六字的兵工精神，是几代中国兵工人前仆后继、浴血奋战，用鲜血和生命铸就的，同时，她又鼓舞着一代代中国兵工在各个历史时期，创造了一个又一个丰功伟绩。兵工精神代表了先进文化的发展方向，庞天仪部长称之为"中国兵工之魂"。

江泽民同志专门题写兵工精神，代表党中央充分肯定了人民兵工所创造的丰功伟绩，极大地激励着新时代的中国兵工再接再厉、披荆斩棘，再创新的辉煌。

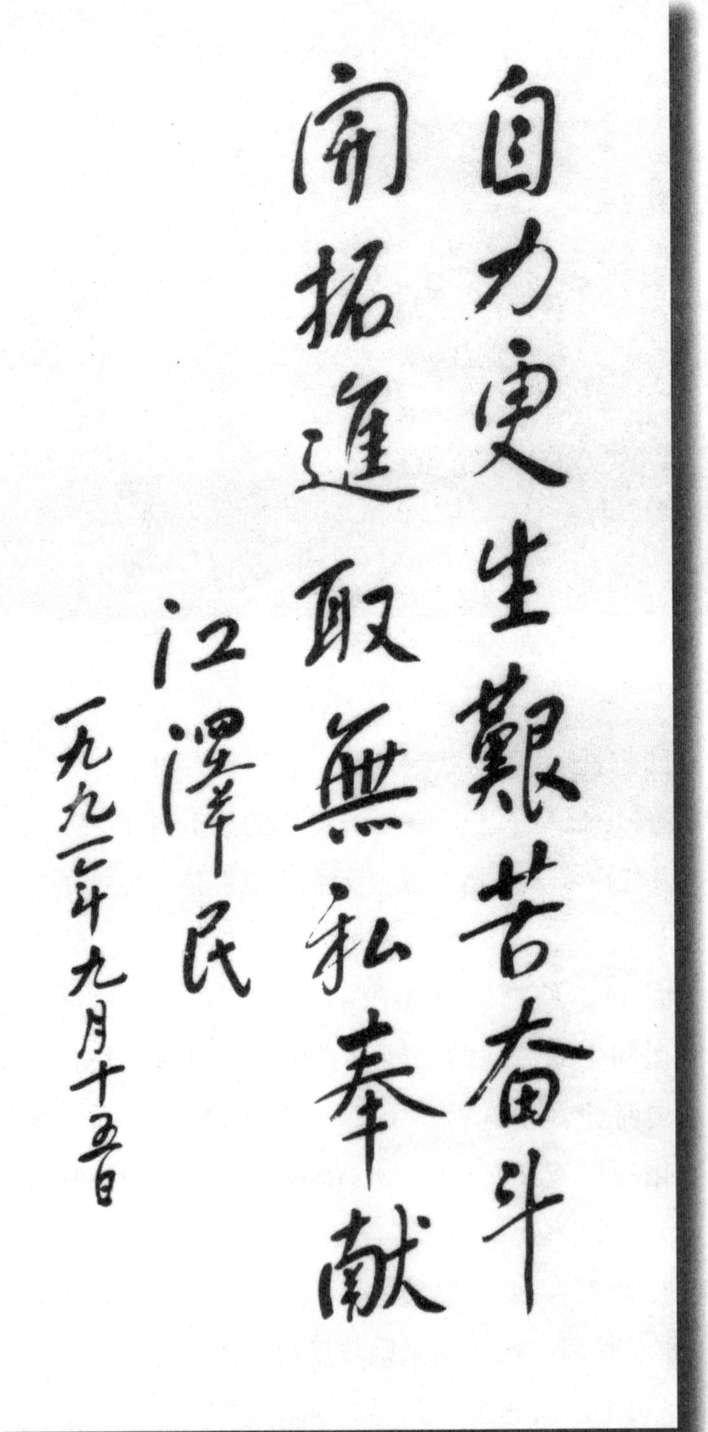

自力更生艰苦奋斗

开拓进取无私奉献

江泽民

一九九一年九月十五日

☆1991年9月15日，江泽民同志为人民兵工创建60周年题写十六字兵工精神

☆2006年5月14日，胡锦涛同志视察昆明北方红外技术股份有限公司

胡锦涛："产业发展要超前一点，看远一点"

2005年8月21日，胡锦涛同志来到中国兵器工业集团湖北江山工业有限责任公司视察。胡锦涛同志认真听取了马之庚总经理及江山公司负责人关于江山公司改革发展情况的汇报，逐一观看了江山公司生产的多种产品，详细询问了产品性能和应用情况，对江山公司取得的成绩频频点头表示赞许。当听到江山公司积极推进军民品管理体制改革，充分利用军工技术和资源优势大力发展民品时，胡锦涛同志十分高兴，他指出，军工企业要发挥技术和加工能力的优势，形成自身的支柱民品。随后，胡锦涛同志一行来到江山公司精密机加工车间和总装车间。胡锦涛同志向辛勤工作在一线的职工致以亲切的问候，并兴致勃勃地观看了职工们的操作，亲切询问他们的工作、生活和收入等情况。在听到工人们满意的答复后，他高兴地说："好哇，听到厂子有活干，企业效益好了，技术上有了发展，我很高兴"。在胡锦涛同志即将离开江山公司之际，视察现场再次响起了经久不息的热烈掌声。胡锦涛同志对马之庚总经理说："好！问候大家好！"这句话饱含了胡锦涛同志对兵器工业的亲切关怀和问候之情，是对兵器工业多年工作成绩的充分肯定，也是对兵器工业全体干部职工的巨大鼓舞。

☆2001年12月9日-17日，胡锦涛同志到兵器装备集团参观"九五"期间武器装备预研成果展览

2006年5月14日下午，胡锦涛同志来到昆明北方红外技术股份有限公司视察。在产品展厅，胡锦涛同志认真听取了马之庚总经理关于兵器红外事业的发展情况汇报，仔细观看了公司生产的热像仪产品，并详细询问了产品的性能和应用情况。随后，胡锦涛同志一行来到探测器中心，参观了热像仪零部件的生产过程，并兴致勃勃地观看了热像仪演示。胡锦涛同志对集团公司在红外技术领域取得的成绩给予充分肯定。时值昆明北方光电子产业基地建成之际，胡锦涛同志亲临昆明北方红外技术股份有限公司视察工作，对兵器红外技术事业的发展具有里程碑的意义。胡锦涛同志对兵器红外事业的高度评价和对公司全体员工的亲切问候在公司领导和员工中引起了极大反响，大家纷纷表示决不辜负总书记的重托，加倍努力、开拓进取，为发展我国的红外技术产业做出更大贡献。

2007年4月30日下午3时，胡锦涛同志来到兵器装备集团河南中光学集团公司视察。听取了徐斌总经理的工作汇报，深入中光学集团南方辉煌图像信息技术有限公司LCOS光学引擎制造车间参观并同一线员工亲切交谈，详细了解企业生产经营和员工工作生活情况；殷切勉励集团公司员工发扬主人翁精神，推动企业提高自主创新能力，深化体制机制改革，增强活力和竞争力，共同努力把企业办好。

徐斌向胡锦涛同志重点介绍了集团公司"保军报国、强企富民、科学发展"的工作思路，全面汇报了两届领导班子带领全体员工实现由求生存向求发展历史性转变的主要成绩和举措。

在LCOS光学引擎制造车间，胡锦涛同志十分关心合光机是否是集团公司自己加工的，徐斌作了肯定回答。当胡锦涛同志询问光学材料的采购渠道时，徐斌汇报说，由集团公司直属的成都光明光电股份有限公司供应，该公司光学玻璃年产量世界最大，已达9000吨，占全球市场份额的32%。

在光学产品陈列室，胡锦涛同志仔细观看了LCOS电视、液晶电视、CRT背投电视三种类型电视的演示。在得知LCOS电视具有高分辨率、低功耗、环保无辐射、投资少等诸多优势后，非常关心LCOS电视的产业化情况。胡锦涛同志语重心长地指出："产业发展就是要超前一点，看远一点，不要老跟在人家后边，我们在新的显示产业应该争取走在前面。"同时指示随行的有关部门同志要支持这项创新性技术的发展和产业化。

在军品展台前，胡锦涛同志细心询问了中光学集团自主研发的夜视枪瞄、海防视频控制站等产品的技术、性能、订货及具体装备情况。徐斌介绍，这些产品集成了多方面先进技术，是比较典型的军民结合型产品，市场前景广阔。胡锦涛同志听后连连点头，表示肯定和赞许。

习近平：“装备制造业很重要，必须要搞好”

2014年12月3日至4日，习近平总书记出席全军装备工作会议时指出：要贯彻总体国家安全观，牢牢把握党在新形势下的强军目标，坚持信息主导、体系建设，坚持自主创新、持续发展，坚持统筹兼顾、突出重点，加快构建适应履行使命要求的装备体系，为实现强军梦提供强大物质技术支撑。

2015年3月12日，习近平总书记出席十二届全国人大三次会议解放军代表团全体会议并发表重要讲话，指出要把军民融合发展上升为国家战略，是我们长期探索经济建设和国防建设协调发展规律的重大成果，是从国家安全和发展战略全局出发作出的重大决策。明确今后一个时期军民融合发展，总的是要加快形成全要素、多领域、高效益的军民融合深度发展格局，丰富融合形式，拓展融合范围，提升融合层次。

2015年11月24日至26日，习近平总书记在中央军委改革工作会议上强调，要着眼于贯彻军民融合发展战略，推进跨军地重大改革任务，推动经济建设和国防建设融合发展。着力解决制约军民融合发展的体制机制问题，努力构建统一领导、军地协调、顺畅高效的组织管理体系，国家主导、需求牵引、市场运作相统一的工作运行体系，系统完备、衔接配套、有效激励的政策制度体系，形成全要素、多领域、高效益的军民融合深度发展格局。

2013年7月21日，习近平总书记到中国兵器工业集团武汉重

☆2013年7月21日，习近平总书记
到武重集团视察

型机床集团有限公司视察调研。参观了企业展示厅，深入大件加
工厂、立车公司等生产一线实地了解重型和超重型机床设备的生
产情况，并与企业负责同志和一线员工亲切交流，充分肯定了武
重集团为我国国民经济重点行业和领域做出的突出贡献，并对企
业的改革、发展和成绩表示了赞许，强调工业作为我国立国之

本，要坚持独立自主，自力更生，自主研发，自己创新，形成科
技竞争力，承担起实现中华民族伟大复兴的中国梦的重任。

　　当看到这家老牌企业坚持自力更生、自主创新取得的进步
时，习近平总书记十分感触地说："工业化很重要，我们国家富
强，要靠实体经济。自力更生任何时候都不能少，我们自己的饭

碗主要要装自己生产的粮食。"

习近平总书记来到武重大件加工厂。作为武重拥有自制设备最多、加工效能最高的产品配套生产单位，这里聚集了武重自主研发的XKD2755双龙门四铣头超重型数控镗铣床、CKX双柱16米超重型数控立式铣车床等堪称国内领先、世界一流的重要装备。武重集团党委书记、董事长杜琢玉向习近平总书记介绍了武重近年来为国家重点行业和领域制造研发的关键装备。

习近平同志来到XKD2755双龙门四铣头超重型数控镗铣床旁，实地查看该设备的加工情况，当了解到这台车床完全由武重自主研发，可以加工出目前国内最长的零件，而且效率提高了4倍之多，询问这样的技术是否为武重专有。得到杜琢玉肯定的答案后，他很满意。在大件加工厂宣传栏前，习近平总书记详细了解了企业开展党的群众路线教育实践活动情况。

习近平总书记来到武重立车公司。该单位的产品以超大、超重、技术成熟等特点享誉海内外，也是当之无愧的中国立车第一品牌。习近平总书记边走边看，不断详细询问每台设备的功能和用途，当得知从这里生产出了包括目前世界上最大规格的数控立式车床——CKX53280在内的多台独一无二的极限装备时，叮嘱道：不仅要提高机床自主创新能力，也要实现机床关键器件的国产化。

参观结束后，习近平总书记在车间作了重要讲话。他表示，武重是有光荣传统的重型装备制造企业，经过自我改革，实现了自身的飞跃，达到了现在的水平，来之不易，凝聚着几代人的心血，给他留下了非常深刻的印象；同时强调，我国工业化、信息化、农业现代化正处于快速发展时期，要实现两个百年目标，实现中华民族伟大复兴的中国梦，靠的是扎扎实实的努力奋斗，靠的是自力更生的精神，靠的是勇担历史重任的勇气，因此工业化之路任重而道远，希望武重能通过技术创新、人才队伍建设，实现国内外市场占有率的强劲增长，肩负起振兴民族工业发展这个艰巨而光荣的任务，用行动书写武重新的光荣，凝聚工人阶级伟大力量，共筑中国梦。

2015年7月17日，习近平总书记在吉林省考察调研期间，冒着高温酷暑来到中国兵器工业集团东北工业集团有限公司视察，看望干部员工。习近平总书记走进生产车间，详细了解企业生产经营情况，听取企业工作汇报，与员工代表现场座谈交流，亲切接见慰问劳模和集团公司科技带头人、技能带头人代表，并与大家合影留念。

习近平总书记来到东北工业集团一东公司热处理分厂，参观集团展示区。东北工业集团党委书记、董事长于中赤介绍了东北工业集团的隶属关系、重点产品、能力建设、技术创新和市场分布等概况。听到东北工业集团是中国兵器工业集团所属的骨干企业，是一个行业先进，在国内外汽车零部件市场有地位、有影响力的股权多元化的混合所有制、军民融合型企业集团，离合器、制动器、飞轮齿圈和发动机连杆四个产品在国内产销量第一，习近平总书记不住点头赞许。

在一东公司产品展示区，习近平总书记听取了离合器工作原理以及自主研发的民用、军用湿式离合器、膜片弹簧离合器的技术水平和市场情况介绍，连连称赞。

在热处理分厂习近平总书记听取了企业开展精益管理有关情况的介绍，称赞精益管理是个很好的管理模式，你们做得很好。

在班组园地现场，东北工业集团14名代表，与习近平总书记肩并肩、面对面展开了座谈交流。中央及省市有关领导列席座谈

☆2015年7月17日，习近平总书记在东北工业集团长春一东离合器股份有限公司视察

会。一东公司装配分厂生产现场40余名工人也围拢过来，聆听习近平总书记的重要讲话。

于中赤向习近平总书记汇报了企业的改革发展情况，转达了集团公司党组书记、董事长尹家绪和总经理温刚对习近平总书记的问候：感谢总书记对兵器行业的关心，一定按照总书记的要求，在深化军民融合上下功夫。兵器工业队伍有着优良的传统，强军报国、忠于党、跟党走，这是我们的责任和使命，请总书记放心！

在听了大家发言后，习近平总书记高兴地说："很高兴能够到我们这个企业——东北工业集团，第一次来，对企业经济发展的水平、企业的优势产品，特别是经营理念，印象深刻。于中赤董事长刚才讲的精益管理，精益求精，我觉得做得很好。能够在这里和我们企业的员工同志们聚一聚，交流一下，我也很高兴。"

在谈到这次考察调研时，习近平总书记指出，到地方考察调研，最希望同广大工人、农民和各方面群众直接接触，听听你们的意见和建议，这对我们决策很有帮助。党的各级领导干部都是人民的勤务员，中央领导是人民的大勤务员。请大家开门见山，把真实想法一吐为快。

在谈到抓紧发展实体经济时，习近平总书记指出，中国梦具体到工业战线就是加快推进新型工业化。把制造业搞上去，创新驱动发展是核心。我们要向全社会发出明确信息：搞好经济、搞好企业、搞好国有企业，把实体经济抓上去。

在谈到国有企业改革发展时，习近平总书记指出，国有企业是国民经济发展的中坚力量。对国有企业要有制度自信。深化国有企业改革，要沿着符合国情的道路去改，要遵循市场经济规律，也要避免市场的盲目性，推动国有企业不断提高效益和效率。

习近平总书记还谈到了工人阶级队伍发展建设、加强党的群团组织建设与群团工作、实现中华民族伟大复兴中国梦、加强装备制造业等。习近平总书记语重心长地说："我为中国工人阶级加油！今天见到大家很高兴，也通过你们，通过在这里座谈，向全国、全社会发出这样一个信息：要搞好经济，搞好企业，搞好国有企业，发挥我们工人阶级的作用。祝大家身体健康、家庭幸福、事业不断进步！"

随后，又参观了一东公司重卡离合器自动化装配生产线。习近平总书记强调："装备制造业很重要，必须要搞好啊！"

参观结束后，习近平总书记在现场亲切接见了东北工业集团市级以上劳动模范、集团公司科技带头人、技能带头人代表，向企业180多名劳动模范转达问候，并与大家合影留念。

习近平总书记临行时表示："你们的这套管理办法很好，经营理念、管理思想，加以完善，很有用；好好发挥，有作用。"

（二）人民兵工精神的形成

精神是一种在社会实践中产生，并反作用于社会实践的内在意志的外现。人民兵工精神的孕育形成，是一代代兵工人从党领导的革命、建设和改革具体实践出发、忠诚践行"枪杆子里面出政权"革命思想所形成的集体意志的外在表现。

在星火燎原的土地革命战争时期，"创业艰难百战多"。1931年10月，中央红军官田兵工厂在江西省兴国县官田村建立。那时的官田兵工厂技术力量缺乏、装备设施落后，干部和工人仅250余人，全部家当只有4座打铁炉和200多把锉刀、100多把老虎钳，主要以手工修理枪械和复装子弹为主。面对敌人封锁、原材料匮乏、设备简陋等困难，兵工战士自力更生、白手起家，不靠天、不靠地，凭借永不熄灭的革命热情和不屈不挠的顽强意志，用自己的双手和智慧，战胜一个个难以想象的困难，有力支持了反"围剿"斗争，"黄洋界上炮声隆，报道敌军宵遁"。周恩来称赞说："这支兵工队伍创立了有史以来的空前成绩。"在第一次国内革命战争期间，刚刚建立起来的人民兵工厂经过伟大的长征所剩无几，绝大多数兵工战士光荣牺牲。

在艰苦卓绝的抗日战争时期，根据毛泽东"每个兵工厂都要办到自制弹药、步枪、手榴弹等程度，使游击战争无军火缺乏之虞"的指示，各抗日根据地自力更生、因地制宜创办了太行山黄崖洞兵工厂(八路军总部兵工厂)、"中国保尔"吴运铎所在的新四军兵工厂等一大批兵工厂。1941年9月，吴运铎同志接到上级关于"前方等着炮弹，务请尽一切力量，提早修好"的命令，他立刻带领同志们冒着生命危险，拆下各种敌人打过来的哑弹上的雷管，不料雷管在他手中爆炸，左眼被炸瞎，左手四指被炸断。但伤痛不能摧毁革命意志，他伤愈后仍然不顾个人安危，"以创造性的劳动克服一切困难"，研制成功了枪榴筒、平射炮等多

种武器，先后三次负伤，全身伤口达一百多处，被誉为"中国的保尔"。这个时期人民兵工的队伍素质和制造水平有了很大提高，已经从以修配武器为主进入了修配和制造相结合的新阶段，各种"边区造"武器已经成为那个时代的光荣印记。兵工战士们采用"土洋结合"的新办法，利用从敌占区扒来的铁轨制造枪支、掷弹筒和迫击炮等武器；利用陶瓷缸坛叠成缸塔制造硫酸、

☆江西兴国官田村中央红军第一家兵工厂旧址——厂部、总务科（主要用于工厂管理人员工作）

硝酸等火炸药原料，成功制造出了单双基无烟火药和TNT炸药；利用旧铜钱制造铜锌合金板来生产新枪弹；还创造性地将迫击炮改造为平曲两用，极大地提高了部队的攻坚能力。"把一切献给党""一切为了前线""一切为了胜利"，成为人民兵工的最响亮的战斗口号。抗战中，人民兵工克服难以想象的困难，生产大量手榴弹、地雷、子弹、枪榴弹、掷弹筒弹、炮弹、枪械、迫击炮和掷弹筒，为抗日战争的胜利、为中华民族的独立与自由、为世界反法西斯战争的胜利，做出了彪炳史册的贡献。

在波澜壮阔的解放战争时期，人民兵工开始大发展，逐步建立起专业化生产、相互配套、品种齐全的战时兵工生产体系。随着解放战争的不断胜利，人民兵工开始按专业化分工的原则调整布局并向工业化大生产过渡。各地兵工部门在"一切为了前线"的战斗口号下，开足马力生产武器弹药，为开展战略大决战、解放全中国提供了大量质量优良的武器装备。仅淮海战役，大连建新公司就提供了20多万发炮弹。粟裕大将感慨地说："淮海战役的胜利一是靠山东人民的小推车，二是靠大连的大炮弹。"刘少奇称赞"兵工生产是战争胜利的决定条件之一"，朱德称赞"兵工工业是工人阶级贡献革命的伟大事业。"唯有牺牲多壮志，敢叫日月换新天。这是中国共产党人坚强意志的真实写照，也是人民兵工赤胆忠心的深刻诠释。1948年在山西临县建立的镌刻着毛主席题词"为人民而死，虽死犹荣"的西北军工烈士塔，就是矗立在中国人民心中的一座历史丰碑。

☆西北军工烈士塔

　　新中国成立之后，兵器工业迅速开始了大规模的国防建设，以"一五"时期156项重点建设项目以及三线建设为标志，自力更生，艰苦创业，主要依靠自己的力量迅速完成了坦克装甲车辆、火炮、弹箭、火炸药、光电信息五大行业的建设，在国防科技工业中率先建成了门类齐全、专业配套、独立完整的武器装备研制生产体系，奠定了兵器工业在国防科技工业发展中的战略基础地位。新中国兵器工业体系的建成，为我国国防实力和国际地位的迅速提升做出了重要贡献，同时也为抗美援朝战争和历次边境自卫反击战的胜利提供了重要的物质基础。"三代坦克总设计师"祝榆生，30岁在迫击炮排险中失去右臂，66岁时担纲三代坦克总设计师，87岁成为"兵器工业科技发展终身成就奖"的唯一获得者。祝榆生身残志坚、淡泊名利、无私奉献，深怀对党的无限忠诚和深厚感情，把毕生的精力都奉献给了兵器科研事业。人民兵工主要奠基人之一的刘鼎，在新中国成立后积极为兵器工业的发展和建设构思出第一批远景"蓝图"，即使在"文化大革命"中身陷囹圄，仍写出了10多万字的技术总结与建议手稿，无一字一句涉及个人遭遇和是非荣辱。工人发明家倪志福，1953年创造发明了"倪志福钻头"，获联合国知识产权组织颁发的金质奖章和证书，在国内外引起了轰动。

在人民兵工可歌可泣的发展历程中，以吴运铎、祝榆生等英模人物为代表的兵工战士，满怀对党的无限忠诚与热爱，用自己的智慧、汗水和热血，铸就了人民兵工的不朽和辉煌。1953年，吴运铎自传体小说《把一切献给党》出版，抒发了一个兵工人"把一切献给党"的真挚情怀，唤起了人民兵工对革命信仰忠贞追求的共鸣。从此，"把一切献给党"深深根植在广大兵工人的理想信仰之中，成为人民兵工生生不息、发展壮大的"根"和"魂"。应该说，"把一切献给党"是人民兵工忠诚于党、忠诚于革命事业崇高信仰的真挚表达，是人民兵工的精神内核和脊梁，是人民兵工世代传承的红色基因。1986年1月24日，庞天仪副部长在兵器部领导干部会议上的讲话指出：兵工的优良传统正在得到继承和发扬，从而大大激发了广大职工"热爱兵工，建设兵工，献身兵工"的进取精神。

1988年12月25日，北方工业（集团）总公司召开成立大会。

总经理来金烈在讲话中提出，要发扬兵工的革命献身精神和自力更生、艰苦奋斗的优良传统，同心同德，团结一致，克服困难，开拓进取，为加速我军装备现代化、为国民经济建设做出我们应有的贡献。国防科工委丁衡高主任也在大会的讲话中，阐述了军工的传统和作风，指出主要是自力更生、艰苦奋斗、无私奉献的精神，是不断进取、开拓创新的精神，是大力协作、密切配合的精神，是服从大局、严守纪律的精神。

1989年底，北方工业（集团）总公司印发的《1990年度治理整顿深化改革的工作要点》，提出要使广大党员都成为"自力更生、艰苦奋斗、开拓进取、无私奉献"的模范，已经提炼出了这十六个字。直到1990年6月7日，兵总党组在贯彻落实《中共中央关于加强党和人民群众联系的决定》的措施中，第一次把兵工精神和十六字联系在一起。

1991年9月15日，在人民兵工创建60周年之际，江泽民同志饱含深情题写了"自力更生、艰苦奋斗、开拓进取、无私奉献"人民兵工精神，并深刻指出，"这是中国人民在20世纪为中华民族创造的新的宝贵精神财富"。至此，从党和国家全局高度，对人民兵工60年奋斗史所展现出的精神风貌进行了凝练概括，充分体现了党和国家对人民兵工历史贡献的高度肯定，深刻诠释了人民兵工鲜明的精神特质和优良传统，是人民兵工"把一切献给党"精神内核的生动体现。

1996年10月17日，中国兵器工业总公司总经理、党组书记

☆1995年2月，邹家华参观新兵器展览，张俊九、马之庚陪同

张俊九在纪念人民兵工创建65周年大会上指出：人民兵工精神是兵器工业的传家宝，也是兵器工业的企业精神。她是中华民族自尊、自立、自强的民族精神的集中体现，又是中华民族传统美德的内在反映；她既表明了人民兵工共产主义远大理想与建设中国特色社会主义的坚定信念，又充分体现了人民兵工忠于党、忠于祖国、忠于人民的精神风貌。她永远是我们物质文件与精神文明建设的强大动力。

2011年10月26日，在纪念人民军工创建80周年大会上，兵器工业集团总经理张国清发言指出：发端于战争岁月的人民兵工事业，在党的领导下，80年来艰苦奋斗、开拓进取、创新发展，成长为今天的人民军工和国防科技工业。历经几代人薪火传递，"人民军工"已成为一种精神、一种信念，代表着对党、对国家、对民族的无限忠诚与责任，融化、流淌在军工人的血液之中，体现、贯穿在军工人的顽强拼搏之中。

改革开放以来，兵器工业顺应党和国家工作重心的转移大形势，坚持国家利益高于一切，把服务服从党和国家事业大局作为一切工作的前提，主动调整产品结构和产业布局，在贯彻军民结合方针、实施"走出去"战略中，走在国防科技工业的前列。特别在党的十八大以来，坚持强军首责，把提升军队装备战斗力作为核心使命，圆满完成了纪念抗战胜利70周年阅兵装备保障等一系列重大任务，突破了一批重大核心关键技术，实现了兵器科技由战术层面向战略层面的突破，步入了与发达国家同步竞技和局部领域领跑并存的新阶段，彰显了对党绝对忠诚、思想政治绝对过硬、作风意志绝对顽强的政治风范，彰显了敢打硬仗、能打硬仗，听党指挥、不辱使命的一贯作风，彰显了与时俱进、开拓创新的豪迈气概，丰富和发展了人民兵工精神的时代内涵，不断引领兵工人为推动国防现代化建设和国民经济发展作出新的更大贡献。

85年来，历经一代又一代兵工人薪火相传，人民兵工精神深深烙印在每一个兵工人的心中，流淌在每一个兵工人的血液里，成为人民兵工生生不息、继往开来的强大精神动力。

（三）纳入党的伟大精神

人民兵工是我们党领导和创建的第一个军事工业部门，从诞生之日起就是党领导人民革命事业的重要组成部分，始终与党和国家、人民利益紧密联系在一起，与85年来党领导的革命、建设和改革事业与时俱进、同生共长，为中华民族独立和解放、为新中国国防现代化建设和国防科技工业发展、为中国特色社会主义事业作出历史性贡献。具有原创意义的人民兵工精神，高度凝练兵工人忠诚于党、忠诚于人民、"把一切献给党"的政治本色，凝炼了人民兵工"自力更生、艰苦奋斗、开拓进取、无私奉献"的光荣传统，所蕴含的精神内涵是党的伟大精神在人民兵工事业的集中体现，是党的一系列伟大精神的重要组成部分。

2016年8月，在建党95周年和人民兵工创建85周年之际，中央组织部党建读物出版社出版的《红色基因》一书，首次将"人民兵工精神"纳入中国共产党的系列精神之中，与井冈山精神、长征精神、延安精神、西柏坡精神、大庆精神、"两弹一星"精神等共同构成了中国共产党发展历程中的伟大精神。

☆2016年8月，中央组织部党建读物出版社出版的《红色基因》一书

《红色基因》一书由中央组织部党建读物出版社委托中国兵器人才学院编撰，是一本全面展示我们党近百年来在各个历史时期所

☆2016年9月，中国兵器工业集团公司党组书记、董事长尹家绪接受《现代国企研究》杂志专访

铸造伟大精神的年度重点图书。书中独立开辟章节，以"把一切献给党"为精神内核，按照江泽民同志在人民兵工创建60周年题写的"自力更生、艰苦奋斗、开拓进取、无私奉献"十六个字精神，依次展现人民兵工的光荣传统和精神风貌，使人民兵工精神在国家战略层面得到升华。

兵器工业集团党组书记、董事长尹家绪在接受《现代国企研究》杂志专访时表示，将人民兵工精神纳入党的伟大精神，是历史的、客观的、准确的，对于新时期更加全面把握党的伟大精神的丰富内涵，更加准确理解人民兵工精神的历史定位，更加广泛弘扬人民兵工精神的时代价值，具有重大的现实意义。这既是献给人民兵工创建85周年的一份厚礼，也必将激发广大兵工人凝聚精神力量、增强文化自信，为全面开创兵器事业新局面注入新动力。

☆吴运铎雕像

第二章　诠释伟大精神

　　具有原创意义的人民兵工精神，是时代的造就，代表着对党和国家、民族的绝对忠诚与责任担当，是中华民族精神在人民兵工事业的实践结晶，是我们党伟大精神在人民兵工事业的集中体现，是我国众多优秀军工精神的历史发端，是人民兵工世代传承的红色基因。

一、人民兵工精神的内涵

　　精神是历史的，也是现实的。在人民兵工85年的奋斗历程中，孕育了"把一切献给党"的崇高信仰，形成了"自力更生、艰苦奋斗、开拓进取、无私奉献"的优良传统，丰富了"国家利益高于一切"的核心价值观，共同构成具有兵工特质、体现传统文化、反映时代价值的人民兵工精神内涵，既是人民兵工85年筚路蓝缕的历史写照，更是兵器工业生生不息、发展壮大的"根"和"魂"。

（一）独立自主、自力更生：人民兵工的一贯方针

　　独立自主、自力更生，是一个国家和民族发展的永恒主题，是中国革命和建设的全部活动中一贯坚持的重大方针，其精神实质就是坚持从中国实际出发，立足点放在自己力量的基础上，走自己的发展道路。国防科技工业是一个特殊的行业，关系着国家安危。没有独立自主的国防科技工业，也就没有国家的独立自主，国防现代化是绝对买不来的，无论战争年代还是和平建设时期，国防建设都必须始终不渝地、坚定不移地贯彻独立自主、自力更生的方针。

　　人民兵工的发展史，就是一部独立自主、自力更生的创业

史。没有条件，自己创造；没有技术，自己探索；没有设备，自己制造；没有外援，自己动手。正是凭着这样一种志气和骨气，人民兵工发展到今天，从简单的地雷、土枪、手榴弹，到跻身世界先进行列的新型主战坦克、精确制导导弹和远程压制的火箭炮群；从单一的陆军武器，到适应陆、海、空、天立体攻防的信息化武器装备体系；从手工作坊，到国家级重型装备、特种化工、光电信息等重要产业基地；从早期的仿制仿研到具有自主知识产

☆（左图）晋绥地区兵工厂生产的各式步枪、手榴弹、地雷

☆（右图）1941年1月，陕甘宁边区机器厂1、3所仿制的50毫米掷弹筒

☆（下图）抗日战争初期，第一兵工厂生产的手榴弹

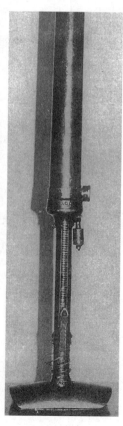

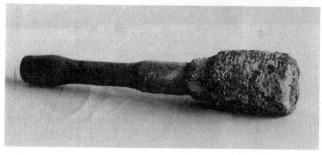

权的研发制造技术——中国的武器装备不再受制于人，实现了我军武器装备的自给自足，构建了独立自主的武器装备体系。从革命战争年代到今天，无论是苏联专家撤走，还是国际上的封锁，无论是对苏联技术援助的消化吸收，还是今天的自主研发，独立自主、自力更生始终是兵工人精神状态的真实写照，始终是人民兵工最为自豪的精神亮彩。

没有枪，没有炮，我们自己造

人民兵工是"枪杆子里出政权"的忠实践行者。革命战争时期，人民兵工没有技术、没有设备、没有厂房、没有原料，朱德总司令曾感慨地说："所有家当还没有王二麻子剪刀铺的齐全。"但人民兵工积极发挥主观能动性，创造条件，从无到有，创造了一个又一个的奇迹。

被誉为人民兵工的源头和国防工业的摇篮的中央红军兵工厂，即官田兵工厂，在党的领导下，吴运铎、刘贵福等一批老兵工人，没有技术资料、没有工具设备，在研制武器时自己设计、自己动手，经过无数次的失败才获得了成功，为装备红军狠狠打击敌人做出了贡献。

1938年，冀中根据地。修械所技术人员首先仿制捷克式7.9毫米步枪，又名"二七式步枪"，是根据地兵工厂生产的第一支步枪。

1939年，陕甘宁边区茶坊兵工厂刘贵福与孙云龙等用冷挤压法拉出膛线、用深孔钻杆加工枪管，制造出了第一支"无名式马步枪"，该枪在延安举办的陕甘宁边区第一届"五一"工业展览会上展出，毛泽东主席拿起这支枪，拉拉枪栓，瞄瞄准，高兴地对军工局长李强说："我们自己也能造枪了！这个枪使用方便、造得好！很漂亮啊！要创造条件多生产，支援前线。"在展会的闭幕会时进行的评奖会上，"无名式马步枪"获甲等产品奖。

1939年底，刘贵福调到八路军军工部黎城水窑一所，他在"无名式"步枪的基础上，改进提高，于1940年8月1日设计制造出了"八一式"7.9毫米马步枪，并投入了大批量生产，成为太行地区八路军的制式化武器。129师副师长徐向前同志见到这支枪后，爱不释手，背上它不肯放下，笑着赞誉说：我当兵时要能背这种枪，不吃饭也高兴。八一式马步枪是一种手动式步枪，该枪的特点是体积小、射击准确、外观漂亮。枪管上的瞄准星被彭德

☆1940年8月，刘贵福等设计的"八一式"7.9毫米步枪

怀誉为"天下第一准星"。最突出的是枪上可自动展开又能固定的三棱刺刀。刺刀的凹槽可使血液外流，刺杀后容易拔出，该刺刀不用时反贴在枪管上，肉搏时按动键钮一甩就可迅速打开并自行固定，这在白刃战斗中至关重要。

1944年，新四军淮南根据地。为制造迫击炮，吴运铎设计了专用冲头，用铁锤硬往钢料里打，3小时几百锤，挤压出了来复线。

1944年，山东根据地。技术人员用从敌占区买到的"卫生球"、肥田粉等作原料，试制成硝基萘混合炸药。

1945年，晋绥根据地。利用从敌占区买来的水银，配以自己用白酒蒸馏的酒精，生产出雷汞。

到抗战后期，人民兵工基本实现了弹药补给和部分武器装备从"没有枪没有炮敌人给我们造"到"没有枪没有炮我们自己造"的重大转变。1949年，周恩来同志指出：大规模战争，首先不能离开兵工生产，武器主要是敌人输送给我们的，但弹药还需要自己补充。我们依靠工人，在山上建设了兵工厂，几千万个手榴弹、几百万发迫击炮弹、几十万发山野炮弹便这样生产出来了，到下半年，我们的手榴弹、迫击炮弹、山野炮弹和炸药的生产数字已经超过国民党反动派。

"一学、二改、三创"

新中国成立后，人民兵工仍然坚定不移地贯彻这一方针。旧中国留给我们兵器工业的落后局面，如何才能迅速改变，怎样才能尽快缩短与世界水平的差距，建设独立、完整的兵器工业？中国兵工的道路是"一学、二改、三创"，实践证明，这是一条循序渐进的科学的发展道路。

"一学"就是学习世界上一切先进的兵器科学技术，为我所用。在新中国成立后的60多年中，兵器工业有三次规模很大的引进高潮，第一次是50年代的学苏联，第二次是80年代的学西方，第三次是90年代的学俄罗斯。每次引进都给我们兵器工业建设带来一次大发展与大提高。

在第一个五年计划期间，根据毛泽东主席的指示，在周恩来总理的亲自指挥下，"以苏为师"，认真学习苏联先进技术，接受苏联援助，这是中国兵器工业历史上规模最大、涉及面最广、成效最大的一次引进，引进的不仅是一批现代化的兵器技术，而是包括科研、生产、教育、工程设计等在内的整个兵器工业体系；

☆20世纪50年代初，苏联专家指导兵工建设

不但援建了一批重要的工厂，而且全面改造了老厂；不但引进了制造技术，而且引进了现代化的管理、先进的教材和设计规范。引进的结果，不仅初步实现了兵器装备的制式化和国产化，使人民解放军成为世界上一支不可小视的武装力量，而且使我们仅用了10年左右的时间，走完了苏联30年兵器工业发展的路程，使我国的兵器工业跃上了一个很高的新平台，初步建成了门类比较齐全、专业基本配套、技术比较先进的现代化的独立自主的兵器工业体系，为兵器工业的发展奠定了坚实的基础。

"二改"，通过认真学习，在掌握了苏联武器装备的技术后，就要不断地改进提高。在六七十年代，我们掀起了一个改造现行生产武器的高潮，改造的产品几乎涉及第一批陆军制式装备的各种武器，小到几百克的手枪，大到8450千克的130加农

☆具有一定规模的大型兵工厂

炮，手枪、步枪、机枪、迫击炮、榴弹炮、加农炮……无一"漏网"。几十个项目齐头并进，你追我赶，声势浩大。少的减重几十克，多的减重2100千克，有的减重百分之几，有的减重高达百分之五六十。改进的方法多种多样，或删繁就简，简化结构，或用新结构代替旧结构，用新材料置换旧材料，或降低不必要的强度冗余，或将武器一分为二，或移花接木……这是历史上规模空前的一次大改造，收获颇丰，成绩巨大，定型了一大批改进型武器，从而使部队武器装备的机动性上了一个大台阶，武器设计水平迈出了重要而坚实的一步，培养锻炼了一大批技术骨干，进而增强了自主创新的勇气和信心。这是兵器工业技术进步史上一个重要的发展阶段，也是武器从仿制向自主创新过渡的必经之路。

"三创"，做到青出于蓝而胜于蓝。155加榴炮从引进到出口就是"一学、二改、三创"比较典型的例子。一个在国际军火市场上名不见经传的牵引式GC45-155加榴炮，引进之后的30年间，由一门牵引式加榴炮，发展成一个包含牵引炮、自走炮、自行炮、车载炮、岸防炮等多品种、39/45/52倍不同口径的火炮大家族。由传统意义上的一门火炮，发展成了一个包括自行炮、弹药车、指挥车、侦察车、侦校雷达、气象雷达、抢救车、机械维修方舱、电子维修方舱、训练模拟器、维修模拟器在内的机械化、信息化的现代化武器系统。一举成为北方公司出口的支柱，成功出口科威特、沙特阿拉伯、阿尔及利亚、埃塞俄比亚、缅甸等多个国家。

（二）艰苦奋斗、发奋图强：人民兵工的革命本色

艰苦奋斗，是中华民族的传统，是一种不怕艰难困苦，奋发图强，艰苦创业，为国家和人民利益英勇顽强斗争的精神。事实上，艰苦奋斗与自力更生、无私奉献是相伴而生的。无论是"中国的保尔"吴运铎，还是三代总师祝榆生，无论是被毛主席称为中国式的"斯达汉诺夫"陕甘宁边区的特等劳动英雄赵占魁，还是获毛泽东主席"热心创造"的亲笔题词的化学家钱志道，无论是革命战争时代土法上马的"三大创造"，还是坚决走军民融合式发展道路的"再次创业"，无不面对艰难险阻，无不浸透着英勇顽强和奋发向上、辛勤创业的精神风貌。在革命战争时代艰苦卓绝的背景下，没有艰苦奋斗，没有大胆尝试，就没有兵工厂。"艰苦奋斗"是当时兵工人的精神慰藉和行为写照；在和平建设和改革开放时期，伴随着共和国缔造建设和发展的步伐，涉险滩闯难关，履行着特殊使命，更多地已成为兵工人的自主选择，不断为"艰苦奋斗"的精神注入时代之光。

土法上马的"三大创造"

自1940年开始，针对当时对敌斗争的需要，兵工厂从部队作战实际出发，有重点、有针对性地攻破了弹药生产中的一批技术难题。其中最为著名的是人民兵工"三大创造"。

"缸塔法"制造硫酸，推动火炸药的发展。硫酸是制造无烟药的重要原料，无烟药又是枪弹、炮弹生产必需的材料。当时

☆山西省左权县源泉村化工厂生产硝酸工房一角

根据地兵工厂设施简陋，难以满足硫酸制造的技术条件。1939年
秋，晋察冀军区供给部技术研究室技师张方等人，设想出以大水
缸代替铅室、以风箱代替鼓风机、以人工输送代替管道循环装置
的生产流程方案生产硫酸。1940年，他们又用大缸叠成塔，创造
了"缸塔法"生产硫酸的土工艺，生产出第一瓶合格硫酸。年内
又相继制成了硝酸、乙醚等多种重要的化工原料，进而制造出了
第一批无烟火药。这是根据地兵器工业火炸药生产技术的重大突
破，彭德怀、左权曾评价"缸塔法"生产硫酸："这是我们工业
建设上一大进步，也是解决工业建设，特别是兵工业建设的主要
关键。"

"窑炉焖火法"韧化炮弹弹体，推动炮弹生产。利用太行山区的煤和铁矿资源冶炼的白口铁，是八路军总部军工部制造手榴弹和地雷壳的主要材料，也是制造炮弹弹体的主要材料。但白口生铁含碳量高，质硬且脆，铸造炮弹后，很难加工。1941年4月，八路军总部军工部成立了试验小组，把美国式的黑心韧化处理工艺，同太行山区民间的焖火技术结合起来，发明了火焰反射加热炉，进行炮弹体韧化处理，经处理的炮弹体表面的碳被析出，以便车削加工。从而在太行山区开创了大量自制炮弹的历史，成为先进科学技术与当时当地具体条件相结合的典范。

"坩埚炼铜锌"推动枪弹升级。抗战时期单纯依靠旧弹壳翻修子弹，难以满足作战需要，于是各根据地军工部门都在致力于全新枪弹材料的研究和试制。晋察冀军区首先取得成功，军区工业部技术研究室的技术人员傅江、孙艳清等，在子弹厂的山脚下修一座火焰反射加热炉，将杂铜精炼成纯铜。张奎元、王裕又用废钢炮弹壳制成炼锌的装置，将收集来的含锌量较高的制钱提炼出纯锌。用坩埚炼出锌黄铜，解决了子弹材料强度不够、极易变形的难题。到1944年，军区工业部所属的两个子弹厂已能月产步枪子弹6万发。1944年春，陕甘宁边区第一兵工厂几乎用相同的方法炼出锌黄铜，当年生产全新子弹1万多发。同年胶东兵工三厂用铁路道轨试制出钢壳枪弹。八路军总部军工部子弹厂学习晋察冀军区经验，于1945年春也生产出了全新枪弹。全新枪弹的研制成功，大大提高了根据地兵器工业枪弹生产数量和质量，有力支援了抗战。

☆八路军兵工厂生产照

"三大创造"仅仅是人民兵工在艰苦卓绝的战争年代，运用智慧，勇于创新、敢为天下先的一个缩影。

中国"保尔"吴运铎

2009年9月14日被评为100位为新中国成立作出突出贡献的英雄模范之一，曾以自传《把一切献给党》整整教育了一代代兵工人的老兵工人吴运铎，先后在新四军二师军械制造厂和新四军兵工厂担任技术员、副厂长、厂长。当时条件十分艰苦，一无资料，二无材料，为了供应前方的军需，他毅然挑起了重担，克服种种困难带领大家想尽一切办法，研制武器。

用寺庙作厂房，将大殿当生产车间，配殿当修枪厂，吴运铎用简陋的设备研制出杀伤力很强的枪榴弹和发射架。

没有设备，自制设备。为制造军工机床，他就组织大家用废铁堆里找到的几节切断了的钢轨，中间钻洞安装上模型，然后把铁轨钉在案上，算是代用的"冲床"了。利用废钢铁，加工成各

☆吴运铎自传——《把一切献给党》

种简易的机床，装备军工厂，破解难题。

没有原料，自制原料和寻找替代品。在敌人重重封锁下，火药原料找不到，为研制子弹，吴运铎将红头火柴的头刮下来，用酒精泡开，制成火药；没有酒精，就用老烧酒蒸馏后代替。因为火柴头爆炸力太强，他就把锅灶上的烟锅子掺在一起，配成合用的火药。后来红头火柴用量大，根据地也供应不上，他就从药店里买雄黄和洋硝混合配制。制造弹头的材料更加缺乏，他就试着把铅熔化了注入模型，做子弹头。但铅经不住高热，步枪有炸毁的危险，他就改用铜元，放在弹头钢模里压成空筒，做成子弹头，里面再灌上铅。

有一次，在修复前方急需的炮弹时，雷管意外爆炸，吴运铎被炸得抛向沙滩！像这样被炸伤的事，在吴运铎身上经历了无数次，但他从未因此退却，总是置生死于不顾，甚至身负重伤、命悬一线时，惦记的还是没试验完的地雷；在治疗的病房里，他让人买来了化学药品和仪器，办起了炸药实验室。"只要我活着一天，我一定为党为人民工作一天"，吴运铎这样说，也是这样做的。

☆吴运铎同志工作场景

1951年10月，中央人民政府政务院和全国总工会授予他特邀全国劳动模范称号，并将他誉为中国的"保尔·柯察金"。

（三）开拓进取、自主创新：人民兵工的豪迈气概

开拓进取，是敢于闯入新的领域，敢为人先，努力上进，力图有所作为的创新精神，是民族进步的永恒动力。不甘落后，尊重科学，锲而不舍，勇于超越，赢得主动，是人民兵工跻身世界军事力量舞台的资本，是人民兵工精神又一深邃内涵，是人民兵工实现强军报国理想的自信之基、自强之本。对科学的崇信，

对创新的渴求，是人民兵工从无到有的最强大的精神力量。革命战争年代，人民兵工大量生产地雷，八路军创造了举世闻名的地雷战；建国初期，沈阳兵器工业五三厂"党政工团拧成一股绳，把政治思想工作渗透到经济工作中去的经验"在全国工业企业推广，五三厂被授予"模范工厂"的光荣称号。1958年12月25日，中国第一辆国产中型坦克诞生；同年，人民兵工创造了"蚂蚁啃骨头"的办法，用十几台小设备加工出了上百吨重的庞然大物——我国第一台2SLK—1100型双列卧式6缸"红旗牌"氮氢混合气体压缩机。在轰轰烈烈的技术革新运动中，兵器工业涌现出一批享誉全国的劳动模范，"倪志福群钻"发明人倪志福、郭绍江工作法创造者郭绍江、毛主席的好工人尉凤英就是其中的代表。改革开放以后，创新成果更是层出不穷；到今天，兵工人"人人都可创新，事事都可创新"，2009年7月13日，兵器工业集团自主研发的世界最大的3.6万吨黑色金属垂直挤压机成功完成热调试，标志着我国大口径厚壁无缝钢管制造技术达到世界领先水平……

焊接钢药筒——真正的中国创造

大口径炮弹的药筒，近两百年时间长期为引伸铜药筒所统治，而引伸铜药筒有三大令人头疼的问题，一是铜材稀缺，供应困难；二是工艺复杂，每引伸一次，就要加热一次、退火一次、酸洗一次，药筒越长，引伸次数越多，耗电耗水耗汽量越大；三是需要大吨位的专用冲压设备，制造周期长，建设周期长，投资大。因此，引伸铜药筒不但成本高，而且扩大产能非常困难，战时供需矛盾突出。

1961年6月，国家计委主持召开弹药技术动员准备会议，提出了用钢质材料代替铜材、用卷制法生产钢质药筒即焊接药筒的

☆在焊机上直焊筒体

提议。1966年五机部在王立副部长的领导下，开始探索在后膛炮上采用焊接钢药筒的新路子，并在五个药筒厂安排了五种不同品种焊接钢药筒的研制。753厂是个炮弹总装厂，并不生产药筒。他们厂自筹资金开始了焊接钢药筒的研制，1966年4月第一发手工焊接的85加钢药筒在753厂打响，并于1970年研制成功了中国第一个、也是世界第一个85毫米加农炮焊接钢药筒，接着85坦克炮、新85高炮的焊接钢药筒又相继在753厂问世，1978年12月世界上第一条焊接钢药筒生产线在该厂建成。1991年第一条军民两用的焊接药筒动员线又建在这个厂。

半个世纪以来，753厂先后研制了100毫米高炮、100毫米

☆大口径焊接钢药筒具有完全的自主知识产权

坦克炮、122毫米榴弹炮、76毫米舰炮、100毫米舰炮、100毫米炮射导弹、100毫米坦克炮炮射导弹、152毫米加榴炮、新152毫米加农炮以及国产155毫米自行加榴炮的焊接钢药筒。口径从76到155毫米，覆盖了加农炮、榴弹炮、坦克炮、高射炮、舰炮用弹。2013年又出口成套技术在国外建成了一条焊接药筒生产线。如今753厂已经完成了从炮弹总装厂向焊接药筒厂的跨界蜕变，成为世界上最早的焊接钢药筒生产厂，也是世界上设计生产药筒品种最多、产能最大的药筒厂。

焊接钢药筒完美地解决了引伸铜药筒根本性的问题，一是用普通钢材取代了铜材，二是用薄板焊接工艺取代了引伸工艺，工艺流程和生产周期都大大缩短，能耗、油耗、水耗、汽耗大大减少，排放量相应减少，设备大大简化，建设周期大大缩短。由于焊接药筒无需引伸药筒所需要的大量的工模具，不但大大减少了工模具的消耗，而且使研制周期与生产准备时间大大缩短。因此，可以说，以钢代铜、以焊代冲是大口径药筒制造技术的一次革命、一大飞跃。该厂创造的"六当年"的奇迹，就是对焊接钢药筒制造技术上述优点最好的诠释。所谓"六当年"，就是当年设计研制、当年工厂鉴定、当年设计定型、当年生产技术准备、当年生产定型和当年生产3万发外贸产品，这样的高速度、高效率令引伸药筒望尘莫及。"六当年"也成了古今中外药筒发展史上永远的经典。

焊接钢药筒还有个重要的特点，药筒使用的焊接技术是民用工业普遍采用的制造技术，采用这种技术生产药筒，使焊接钢药筒成为军民深度融合的产品，这就等于在国民经济中储备了巨大的药筒生产能力，一旦发生战争，许多焊接厂便能很快转产药筒，不要再为战时药筒供不应求伤脑筋了。这可是一项具有重大国防意义的大事，这也就是国家动员部门十分重视这项技术，又是投资建设军民两用的生产线，又是在该厂设立国民经济动员中心的原因。

大口径焊接钢药筒是土生土长的中国创造，是完全的自主创新。至今，世界上能够设计与制造焊接钢药筒的国家只有中国，别无分店。它表明中国已经登上了世界药筒技术的最高峰。这是中国兵工对世界药筒制造技术发展所做出的重大贡献。

为什么世界上其他国家都没有搞成，唯独中国搞成了焊接钢药筒？为什么药筒专业厂没有搞成，而非专业的总装厂753厂却搞成了，成功的秘笈何在？

753厂是中国唯一一个不生产药筒的总装厂，靠的是计划经济体制和弹厂的技术生存，危机意识给了753厂跨界出击的无比勇气，这种内生动力既强大又耐久。这就是利民厂历代领导、几代技术人员，全厂上上下下齐心协力，坚持不懈于焊接药筒的根本原因所在。

在技术上敢于走前人没有走过的路，敢于挑战不可能，既善于学习借鉴别人，又善于总结自己的实践上升为理论，他们经过长期摸索，他们总结出了与引伸药筒完全不一样的设计理论与方法，建立了钢药筒的力学模型和优化方法，使药筒设计从过去的主要凭经验设计、靠打炮验证的必然王国，慢慢上升到主要靠理论指导、靠设计计算辅以打炮验证的自由王国阶段。为了把这套先进的设计理论付诸实践，他们又摸索出了成套的先进制造技术，包括焊接技术规范、热处理强化工艺、高强度焊缝的局部回火技术、焊缝的辊压技术等新工艺。

753厂有一支特别能战斗的科技队伍，有像刘纯梆（该厂原总工程师，焊接钢药筒技术的创始人）这样几个学术带头人，他们既懂药筒又熟悉焊接，既能动脑又能动手，既能设计产品，又会设计工艺设备和工装，没有这样的复合型人才，焊接药筒绝对难以成功。刘纯梆他们热爱兵工，热爱药筒专业，视厂如命，把一生无私地奉献给药筒事业。这支搞药筒的队伍，具有药筒高温高压下不裂不破的性格和越是困难越向前的大无畏的精神。

永无止境的开拓创新。当我国研发300毫米远程火箭时，一个长7米、直径300毫米、带两根螺旋导向槽的发射管（即定向器）成了远火项目的拦路虎，钢管厂和炮厂都试制不出来。技术自信给了753厂跨界出击的信心，又是他们再次主动请缨，凭借他们在焊接钢药筒研制生产过程中积累的丰富经验，仅用少量的试制费，成功地制造出了性能优于俄罗斯的发射管毛坯，不但解决了远程火箭炮的燃眉之急，而且又承揽了航天工业的A100远程火箭项目发射管组的配套任务。跨界出击再次成功，使他们的焊接技术进一步扩大了应用范围，在火箭炮定向器领域占有了一席之地。如今，该厂已经成为以薄板焊接技术为核心的军民深度融合的企业。

火炮及弹药行业发展已经数百年了，夕阳无限好，只是近黄昏。药筒是弹药里最简单一个部件，也早已是桑榆时分，学校已经没有了药筒专业，研究所没人研究药筒，连机关也没有了管理药筒的专业部门。药筒正在慢慢地淡出人们的视野。然而，唯有753厂闯进了这块阵地，执着地坚守，辛勤地耕耘，不断地创新，不断完善焊接药筒的工艺。他们厂没有引进技术，完全靠自力更生，开发了世上独一无二的核心技术并实现了技术出口；在他们的生产线上见不到进口设备，都是他们具有自主知识产权的专用设备；他们没有靠国家大量的投资，却把一个夕阳产业，搞得如此红红火火，简直像朝阳一样灿烂。

他们的执着，他们的坚守，铸就了我国药筒事业的夕阳红。

这是人民兵工精神的传承与发扬光大。

承建伊朗地铁

跨入新世纪，兵器工业集团发挥整体优势，充分利用军贸资源，全面实施国际化战略，国际化经营取得重大突破，初步形成以军贸、国际工程、战略资源互动发展为主的国际化经营新架构。

2004年5月15日，兵器工业集团副总经理、北方公司书记张国清与德黑兰铁路公司总裁哈什米签订了德黑兰地铁四号线项目承包合同，拿下了我国到当时为止金额最大（总金额8.36亿美

☆交付使用的伊朗地铁

元）的对外工程承包合同项目。

　　早在1996—1999年期间，北方公司曾成功建设了伊朗历史上第一条城市地铁线——德黑兰地铁五号线，获得中伊政府的高度赞扬。2002年9月，伊朗方面决定对地铁四号线项目实施国际招标，包括北方公司、德国西门子、韩国大林、伊朗工业组织等在内的大型企业集团积极参加投标，竞争十分激烈。我国国家领导人和商务部、外交部、财政部、驻伊使馆等政府部门对中国公司竞标德黑兰地铁项目高度重视，并在两个政府层面做了大量推动工作。从2002年11月4日购买标书到2003年4月6日提交技术标、7月27日提交商务标，项目组的成员和15家合作单位参与编标工作的数百人放弃节假日休息，加班加点。开标会上，北方公司投得第一标，报价比第二标仅低3%，既取得了主动地位，又最大程度地保护了国家利益和公司利益。最后，北方公司在我国政府和金融机构的大力支持下，以成功建设德黑兰地铁五号线的良好业绩、先进的技术和安全可靠的总体设计方案、优良的融资条件和价格击败其他竞争对手，一举中标。

　　德黑兰地铁四号线项目是技术密集的特大型城市轨道交通项目，承包商北方公司以国际通行的FIDIC—EPC交钥匙合同条件实施工程总承包，这是承包工程领域技术含量最高、工作内容最复杂、实施难度最大的承包方式。

　　项目的实施，带动了我国技术密集型机电设备出口，几百家企业从中受惠。

☆北方公司承建的伊朗德黑兰地铁通车

伊朗地铁四号线工程等一批具有国际影响的国际工程项目的实施，成功实现了由单一产品出口向产品、技术、服务出口相结合的转型，标志集团公司国际化经营进入军贸、国际工程、战略资源互动发展的新阶段。

面对我国经济社会发展进入新常态，国家大力实施"中国制造2025""互联网+""一带一路""大众创业、万众创新"等重大战略部署带来新的机遇和挑战，坚持全价值链体系化精益管理战略作为不二法门，并作为一项长期战略，要在"十三五"期间持续深入推进，大力提倡求真务实、破除迷信、锲而不舍、与时俱进、担当奉献的科学精神和严谨、踏实、认真的工作作风，大力倡导精益求精、专业敬业、道技合一的工匠精神，把精益管理不断引向深入，在企业经营管理的每一个细节、每一个环节上都要追求价值创造和持续改善，形成人人讲精益、事事追求精益的精益文化，使精益成为全体员工的一种习惯、一种追求，逐渐达到"止于至善"的境界，才能实现基业长青。

（四）爱国敬业、无私奉献：人民兵工的崇高境界

无私奉献，是勇于牺牲个人的生命、利益，放弃自己的个人爱好、兴趣，需国家民族之所需，急国家民族之所急，留取丹心照汗青。人民兵工的发展史，就是一部用热血与生命谱写的奉献史。战略大转移，大批兵工战士倒在长征的路上；抗战时期，无数兵工战士牺牲在浴血奋战的疆场。兵工行业与高危的枪炮弹药打交道，无论战时与平时，科研生产中意外身故时有发生，又有不少兵工人受伤致残甚至献出了宝贵的生命。为了调整国防工业的战略布局，为了建设大小三线，兵工战士最听党的话，打起背包就出发，几十万兵工人义无反顾，远离大中城市，奔赴深山老林、穷乡僻壤，筑路架桥，开山凿洞，克服无数困难，建起了一座座现代化的工厂。建成的三线工厂，地质灾害频发，交通不便，文化不发达，科技信息不灵，不但工厂经营困难，而且生活条件也差，就医难、就业难、上学难，兵工人含辛茹苦，克服困难，为三线建设默默地奉献，献了青春献终生，献了终生献子孙。

随着国家工作重点的转移，国防工业由临战状态向和平时期转变，国民经济由计划经济向社会主义市场经济转变，由于国内军品需求大幅度下降，兵器工业经营状况随之急转直下，成为与煤炭、纺织行业并列的全行业亏损的特困行业。企业兼并破产、职工下岗分流，工资低微，养老金、医药费拖欠太多，职工生活

艰难。不少人买断工龄，念念不舍地离开了他们所钟爱的兵工事业。留下的兵工人挺直腰板，秉持兵工报国的理念，执着地坚守兵工岗位，与共和国一起度过了这段艰难的岁月。1995年江泽民总书记视察龙江电工厂，得知工人工资才300元还不保证按月发放，但仍然积极工作时，赞扬兵工人的这种精神难能可贵。

践行"人民兵工精神"的楷模祝榆生：有"独臂英雄"称谓的祝榆生同志1918年11月出生，1938年1月参加革命工作，同年10月加入中国共产党。他爱国敬业，甘于奉献，无私无畏，把一生毫无保留地献给党的兵工事业。

自立自强的残疾军人

1948年1月，华东军大二期结业，全校召开总结大会，为了配合解放军转入战略反攻，针对攻城攻坚，他在会上做了"迫击炮在敌前应用的战术"的学术报告，会后自操作进行迫击炮平射表演，不幸发生意外，在排除哑弹故障时，右臂和小臂被击针击伤，由于医

☆祝榆生与他的三代坦克

疗条件较差，第一次手术后伤口感染，不得不将右臂截肢，年方30岁的祝榆生从此成为独臂的二等甲级残疾军人。他自强自立，克服了常人难以想象的困难，学会了生活自理，一直都是自己的事自己办；工作中更是如此，独臂的耄耋老人为三代坦克走南闯北，亲临科研、生产、试验现场，坦克爬上爬下，完全不把自己当残废，人们也从没有人把他当作残疾人，因为他比正常人更加坚强。

模范军事教育家

祝榆生从1945年到1975年，从事了30年的军事教育工作，从科长直到大学的副校长，积累了丰富的教学经验。他始终秉持高标准严要求的办学理念，十分重视教师队伍的建设，新老师上课堂前都必须试讲，新课程开课前也必须试讲，试讲时不得用讲稿。几次试讲不过关就令其改行。他重视教学与实际相结合，强调教学必须为使用、为作战服务。他亲自带队多次深入工厂、部队调查研究，听取意见，改进教学。他坚持教学与科研相结合，坚决主张学校参加科研。他们研制的78式82毫米无坐力炮系统，是兵工院校里唯一承担全武器系统研制的特例。

勇攀高峰的独臂坦克总设计师

1984年已66岁的离休老人挑起了国家重点科研项目三代坦克总设计师的重担。当时，我国主战坦克现装备的是一代坦克，与世界装备的三代坦克相差两代。而二代坦克尚在研制中，因此，我们的装备与技术水平与世界有很大差距。如何使三代坦克拉近与世界水平的差距，争取进入世界一流行列是他面临的最大挑战。他客观地分析了"敌"我双方的实力，在敌强我弱的形势下，唯有出奇才能制胜。于是，他与设计团队及使用部门一起研究制订了"高综合、系统取胜"的研制方针，也就是在有限的工业基础上，通过高综合、优化匹配系统功能等手段，来达到最优的坦克性能设计。这一指导思想的贯彻，使三代坦克最终以其低矮的外形、紧凑的总体布置、优良的机动性能、强大的火力、全天候火控系统、精确打击以及先进的综合防护性能，跻身于世界先进坦克行列。

火力、机动与防护是坦克的三大主要指标，至于三者谁先谁后的设计理念则是仁者见仁智者见智。炮兵出身的祝老总，深知火力压制的含义，火力强大才是克敌制胜的重要法宝。于是他坚持火力为先、三者兼顾的设计原则。经过仔细比较论证之后，祝

☆祝榆生（右2）与专家研究问题

老总选择了125毫米坦克炮，不仅仅是因为它的口径最大，更主要的是它的药室容积比美国的120大百分之三十几，炮口动能的潜力与余量都比较大。在俄罗斯125炮的基础上，祝老总组织火力分系统做足了文章，从而使中国制造的125毫米坦克炮的性能超过了当时俄罗斯的125坦克炮，兑现了能与世界一流的坦克炮抗衡的庄严承诺。

三代坦克于2000年12月设计定型，2000年12月荣获国家科技进步一等奖，1999年国庆阅兵式上首次亮相，引起了世界军事界的极大关注。外媒赞道："其作战能力可以与当前世界上最先进的主战坦克媲美！"二等残废独臂耄耋老人，66岁披挂上阵，攀登世界坦克技术高峰，简直是一个前所未有的奇迹。

不忘初心的共产党员

他是老八路、老革命、老英雄，功勋卓著，但他从来不计较职务的高低，在副校长、副院长的位置上一干几十年，最高职务只不过是个司局级的兵器工业部科技委副主任。

他没有任何爱好，只是爱读书、爱钻研，学习和工作就是他生活的全部。他博览群书，刻苦钻研，是地地道道自学成才的总设计师，活到老、学到老、钻研到老、奋斗到老的不老松。

他长期安居在60年代建设的100平方米的陋室里，一次又一次放弃了为他调房的机会。总师办公室依然在简易楼里，用具十分陈旧，连空调都舍不得安装。他说："广厦万间只睡卧榻三尺，我已经很满足了，跟我一块参加革命的人很多都没有活到今天。"

因为与火炸药打交道有一定的危险性，所以火炸药专业不太好招生。他就带头把自己的大女儿从上海二医大调到了炮工学火炸药。他握有数亿科研费的支配权，从不用公款请客送礼，也不给工作人员乱发奖金补贴。一次去外地开会，他叮嘱随行的司机，这次出去和三代坦克研制无关，一路上吃住行都不允许开发票，由他自己支付。连夫人从南京来探亲，都不准用公车接送。早在20世纪60年代，他在南京炮工工作时，学校在郊区，家在城里。工作日他住在学校，每周六下午回家，星期天下午回校，途中要换一次车，下车后还得走20多分钟，回趟家得两个小时。那时的公交不像现在发达，正常人挤车都很难，更何况一位独臂人？作为一个残疾的院领导，大校军衔，公车接送应在情理之中，但他拒绝学校派车，坚持坐公交。至今独臂大校乘公交上下班的故事在南理工仍传为佳话。

2014年10月23日祝榆生离世。祝榆生同志的一生是全心全意为人民服务的一生，是践行"人民兵工精神的一生"。他给人们留下了极其宝贵的精神财富，他的精神照亮着人们为实现富国强军的中国梦奋勇前进！

二、人民兵工精神的价值

人无精神不立，党无精神不兴，国无精神不强。强大的精神力量是战胜一切困难、成就伟大事业的根本保证。人民兵工精神在党领导的人民兵工伟大事业中孕育形成，成为凝聚力量、引领人民兵工持续发展的强大精神动力，闪烁着时代光芒，激励着一代代兵工人为兵器事业奋发图强。

（一）人民兵工精神的价值定位

人民兵工精神是人民兵工薪火相传、继往开来的不竭动力。人民兵工是我们党领导革命和建设的重要物质基础，是"工人阶级贡献革命的伟大事业"，人民兵工85年来对中国革命、建设和改革事业的历史性贡献，决定了人民兵工精神及其价值影响不仅仅是行业的，更是国家的、民族的、人民的。

人民兵工精神是中华民族精神的实践结晶。自古以来，中华民族自强不息、艰苦奋斗、勤劳勇敢的伟大精神，塑造了千秋万代的民族之魂，形成了以爱国主义为核心的中华民族文化传统的主流精神，是国家和民族生存发展的精神支柱和动力源泉。人民兵工发源于星火燎原的中央革命苏区，成长于艰苦卓绝的敌后抗日烽火和波澜壮阔的人民解放战争，壮大在新中国成立以来的建

☆1959年10月1日，我国生产的59式坦克方队参加国庆阅兵

设和改革时期，孕育形成了"把一切献给党"和"自力更生、艰苦奋斗、开拓进取、无私奉献"的具有独特气质的精神传统，彰显了中华民族追求独立自主、自强不息的民族自尊，彰显了"国家利益高于一切""把一切献给党"的舍生忘死的民族大义，彰显了艰苦奋斗、百拆不挠、勤俭持家的中华民族优秀传统，传承着中华民族传统文化的绵绵血脉，蕴含着中华民族传统文化的深厚力量，是中华民族精神在人民兵工伟大事业的传承和发展，是中华民族精神在人民兵工伟大事业的宝贵结晶。"是中国人民在20世纪为中华民族创造的新的宝贵精神财富。"

人民兵工精神是中国共产党伟大精神在中国兵工行业的集中

体现。中国共产党近百年的奋斗历程，锤炼形成了一系列彰显党的性质、反映民族精神、体现时代要求、凝聚各方力量的伟大精神，塑造了井冈山精神、长征精神、延安精神、西柏坡精神、大庆精神、雷锋精神、女排精神等不同历史时期鲜明的精神风貌，集中凝练了彻底革命、艰苦奋斗、牺牲奉献、实事求是、自力更生、团结协作、顾全大局、改革创新、廉洁自律、和平发展10个方面的精神特质，形成了我们党最宝贵的精神财富和强大的政治优势，是我们党立党兴党之基、管党治党之魂。人民兵工的诞生，是中国革命武装夺取政权条件下的伟大创举，是"枪杆子里面出政权"重要论断最忠实的践行者。在血雨腥风的战争环境和艰苦卓绝的军事斗争中，"一切为了前线""一切为了胜利"，为党领导的武装力量的发展壮大和抗日战争、解放战争的胜利提供了坚强保证，被周恩来称赞为"是胜利的决定条件之一"。在建设和改革开放时期，人民兵工坚持国家利益高于一切，自力更生、艰苦奋斗、开拓进取、无私奉献，在支撑国防军队建设、推动科学技术进步、服务经济社会发展中发挥骨干中坚作用，是党和国家最可依赖、最可依靠的"国之重器"。"把一切献给党"是党的彻底革命精神的最生动写照，"自力更生、艰苦奋斗、开拓进取、无私奉献"是党的伟大精神在人民兵工事业中的最直接体现。人民兵工精神是党的伟大精神的重要组成部分，是党的红色基因不可或缺的重要内容。

人民兵工精神是强军报国精神的历史发端。人民兵工是我们党最早领导和创新的第一个军事工业部门，是我国现代国防科技工业体系的基础和摇篮。85年来，国防科技工业已由新中国成立前的以兵工为主发展成为今天覆盖核、航天、航空、船舶、兵器、电子等行业的大国防，人民兵工精神也随之在各条战线得到传承与发扬光大，相继孕育形成了"自力更生、艰苦奋斗，军工报国、甘于奉献，为国争光、勇攀高峰"的军工精神，以及"特别能吃苦、特别能战斗、特别能攻关、特别能奉献"的载人航天精神；"热爱祖国、无私奉献，自力更生、艰苦奋斗，大力协同、勇攀高峰"的"两弹一星"精神；"自力更生、创新图强、协同作战、顽强拼搏"的预警机精神等各具行业特色的军工精神图谱，树立起一座座璀璨的精神丰碑，成为引领我国国防科技工业现代化建设的强大精神动力。被誉为"中国兵工之魂"的人民兵工精神，也必将在我国军事工业现代化发展伟大进程中闪烁出最耀眼的光辉。

（二）人民兵工精神的时代意义

人民兵工精神的产生具有鲜明的时代印记，但人民兵工精神的价值，是超越时空、永续长存的。新的历史起点上，继承和弘扬人民兵工精神，不仅是当代兵工人的历史责任，更对新形势下开创兵器事业新局面具有重大现实意义。

继承和弘扬人民兵工精神，是坚定理想信念的重要遵循。理想信念是一个人的精神支柱，是一个政党、一个民族的精神基石，更是共产党人保持先进性的首要条件和核心所在。"革命理想高于天"。革命战火中孕育形成的人民兵工精神，是用血与火铸就的彻底革命的精神。85年来，人民兵工以国家利益为重，以民族的独立和解放大义为先，不惜流血牺牲，听党的话、跟党走，靠的就是这种信仰，为的就是这个追求。在全面从严治党的新形势下，要牢牢抓住理想信念这个共产党人安身立命的根本，坚持"党的领导不能丢、红色基因不能变"，把人民兵工精神的弘扬贯穿于学习教育活动始终，充分发挥好红色精神的教育引导和凝心聚力作用，用人民兵工的创业史、奋斗史、发展史教育人，用"中国的保尔"吴运铎、"工人发明家"倪志福、"独臂总师"祝榆生等英模的高尚品格感染人，用"把一切献给党的"的崇高追求凝聚人，坚定理想信念，筑牢信仰根基，汇集兵器事业改革发展的强大正能量。

继承和弘扬人民兵工精神，是做强做优做大兵器事业的重要保证。从革命战争年代走来的人民兵工，以满怀对党的无限忠诚与热爱，孕育了听党的话、跟党走，"把一切献给党"的崇高信仰，成为人民兵工生生不息的动力之源。兵器事业是党的事业，兵工企业是党领导的国有企业。习近平总书记深刻指出：坚定不移做强做优做大国有企业，最根本的是加强党的领导。新的历史时期，开创兵器事业发展新局面，大力弘扬人民兵工精神，最根本的，就是要毫不动摇地坚持党对国有企业的领导，坚守"把一切献给党"的崇高信仰，把忠诚于党、忠诚于党的事业作为引领兵器事业始终沿着正确方向不断向前发展的牢固根基，牢固树立政治意识、大局意识、核心意识、看齐意识，特别是牢固树立和增强核心意识、看齐意识，无论在任何时候、任何条件、任何考验下，都始终听党的话、跟党走，在思想上、政治上、行动上始终同以习近平同志为核心的党

☆吴运铎雕像

中央保持高度一致，绝不能让党的领导游离于公司法人治理结构之外，绝不能把党的领导虚置化，绝不能把党在国有企业的政治基础和组织基础抽空，坚决保证党的路线方针政策得到全面、准确的贯彻执行。听党话、跟党走，"把一切献给党"，是人民兵工的革命初心和不变信仰，是引领兵器事业始终沿着正确方向不断向前发展的根本保证。

继承和弘扬人民兵工精神，是履行核心使命的内在要求。为党而生，为国家和民族奋发作为，是人民兵工与生俱来的红色基因。"国家利益高于一切"作为新的历史时期兵器工业的核心价值观，是人民兵工精神的历史传承和时代体现，是当代兵工人神圣的使命担当。作为中央企业、作为军工集团，弘扬人民兵工精神，履行军工核心使命，是我们的传统所在、使命所在、责任所在。要坚持国家利益高于一切，以高度的责任感，把服务服从党和国家事业大局作为一切工作的前提，想国家之所想、急国家之所急，从党和国家、人民的根本利益出发，以服务国防现代化建设、服务国民经济发展为己任，谋划和推动兵器事业的发展。要牢牢把握军事斗争准备新要求，始终把军品科研生产作为最重要、最核心的使命，紧紧围绕"能打仗、打胜仗"的强军之要，主动适应国防和军队改革的新要求，论证实施一批体现国家战略意图的重点科技专项和重要工程，积极推进核心关键技术攻关，加强战略性、前瞻性、基础性领域研究，抢占未来军事领域战略制高点；要牢牢把握军民融合深度发展新趋势，按照"全要

☆2009年国庆阅兵

素、多领域、高效益"要求,坚持市场导向、开放共享,充分发挥军品技术优势,积极推进军工民用技术双向转化、双向溢出,大力发展高端装备制造、精细化工、光电信息等特色的军民融合产业,主动对接国家"一带一路"战略,加快推动"兵器制造"向"兵器智造""兵器创造"转型升级;要牢牢把握经济发展新常态,做好深化国企改革这篇大文章,坚持问题导向和市场导向,坚决贯彻落实"三去一降一补"要求,加快推进供给侧结构性改革,大力清理处置"僵尸企业",实现纵向压缩管理层次,横向减少同业竞争,点上消除资源浪费,持续深入推进全价值链体系化精益管理战略,实现企业发展质量和效益的系统性改善,理直气壮地把国有企业做强做优做大,全力履行好"固国防"的政治责任、"保增长"的经济责任、

"促和谐"的社会责任，履行好服务国家国防建设和国民经济发展的光荣使命。

继承和弘扬人民兵工精神，是应对困难挑战的根本动力。人民兵工85年的奋斗史充分证明，"自力更生、艰苦奋斗、开拓进取、无私奉献"是人民兵工战胜困难、克敌制胜的优势所在、力量所在。伟大理想变成活生生的现实，源于优良作风的保证。没有优良作风的保证，我们的事业就会失去根基、失去血脉、

☆2015年9月3日，参加中国人民抗日战争暨世界反法西斯战争胜利70周年阅兵的双35毫米自行高炮

失去力量。当前,国际国内经济形势复杂严峻、市场需求大幅下滑,国有企业面临着日益激烈的国际竞争和转型升级的巨大挑战。应对困难和挑战,需要我们继承和弘扬好人民兵工精神,发扬自力更生的创业品格;坚守艰苦奋斗的革命本色;展现开拓进取的豪迈气概;秉持无私奉献的崇高境界,汇集强大的精神力量,牢牢把握有质量、有效益、可持续这个核心,以必胜的精神风貌,迎难而上、实干担当、逆势图强,大力抓创新、着力推改革、主动转方式、积极调结构,切实推动军品科研生产、技术创新、国际化经营、全面深化改革、结构调整、精益管理和党的建设等各项工作取得实效,把发展的基础夯得更实,把发展的质量提得更高,把竞争实力锤炼的更强,把防风险屏障筑得更牢,坚决打好打赢提质增效攻坚战,扎实推进兵器事业有质量有效益可持续发展。

(三)人民兵工精神的创新发展

习近平总书记指出,不忘本才能开辟未来,善于继承才能更好创新。站在新的起点,新时期的兵工人顺应时代大潮,传承老一代兵工人的光荣传统,续写着"唯实、创新、开放"和"敢为人先、争创一流、拒绝借口、立即行动"的企业精神,丰富和发展了人民兵工精神的时代内涵。面向未来,当代兵工人不仅要有继承和弘扬人民兵工精神的责任,更要有创新和发展人民兵工精神的担当。

　　必须坚定文化自信。习近平总书记指出："中国有坚定的道路自信、理论自信、制度自信，其本质是建立在五千多年文明传承基础上的文化自信。"文化自信，是更基础、更广泛、更深厚的自信。人民兵工精神，以其深厚的历史底蕴和鲜明的时代内涵，成为一代代兵工人广泛认同、引以自豪的精神家园，成为维系兵工人团结奋斗、流淌不息的精神血脉，成为引领兵器事业发展壮大、从胜利走向胜利的动力源泉。我们只有始终坚守"把一切献给党"的初心，始终秉承"自力更生、艰苦奋斗、开拓进取、无私奉献"的光荣传统，才能在新的历史时期有信心、有勇气、有力量战胜一切困难和挑战，推动兵器工业走向更加辉煌的明天。

☆VT4型主战坦克在动态表演中进行涉水表演

必须始终坚持忠诚于党。习近平总书记强调，全党同志要强化党的意识，牢记自己的第一身份是共产党员，第一职责是为党工作，做到忠诚于组织，任何时候都与党同心同德。在新的形势和任务面前，我们要想有所作为、无愧于先辈的艰苦创业，创新和发展人民兵工精神，必须始终坚持忠诚于党这个根本，坚守对党保持绝对忠诚、思想政治绝对过硬、作风意志绝对顽强这一人民兵工的政治风范，发扬敢打硬仗、能打硬仗、听党指挥、不辱使命的一贯作风，彰显与时俱进、开拓创新的豪迈气概，以铁一般信仰、铁一般信念、铁一般纪律、铁一般担当，扛起兵器工业改革发展的历史重任，打起人民兵工精神创新发展的历史重任。

必须与践行社会主义核心价值观的时代要求相统一。习近平总书记指出："人类社会发展的历史表明，对一个民族、一个国家来说，最持久、最深层的力量，是全社会共同认可的核心价值观。"社会主义核心价值观集中体现了我们党新时代的价值取向，是构筑中国精神、中国价值、中国力量，建设中国特色社会主义源源不断的精神动力和道德滋养。在当前全面建设小康社会的决定性阶段，创新发展人民兵工精神，要以培育和践行社会主义核心价值观为统领，按照时代新进步、新进展的要求，补充、拓展和完善人民兵工精神的时代内涵和现代表达形式，用好中华优秀传统文化蕴含的丰富思想道德资源，持续增强人民兵工精神的影响力和感召力。

必须与兵器事业的改革实践相结合。精神来源于实践，创新和发展人民兵工精神离不开兵器事业改革发展的实践载体。随着国有企业全面深化改革和军队转型加快推进，我们肩负的责任和担子越来越重，必须紧紧围绕加快建设中国特色先进兵器工业体系的目标，按照有质量、有效益、可持续发展的要求，坚持责任担当，坚持创新驱动，坚持人才为本，坚持问题导向，以特别能攻关、特别能吃苦、特别能奉献的"精气神"，抓创新、转方式、调结构、促改革，在不断开创兵器事业新局面的具体实践中，与时俱进，不断丰富和完善人民兵工精神的内涵，让人民兵工精神在实践中永放光芒。

☆2015年9月3日，99A坦克在抗战和反法西斯胜利70周年阅兵式上接受检阅

第三章 践行伟大精神

人民兵工精神来源于实践，也蕴藏于实践、推动着实践。85年来，在党领导的革命、建设和改革不同时期的伟大事业中，兵器工业广大干部职工始终坚定信念、执着追求，坚持高标准、严要求完成各项工作任务，创造一流业绩，树立了人民兵工的光辉形象。在一代又一代兵工人艰苦奋斗、顽强拼搏的过程中，涌现出了大批可圈可点的典型单位、典型事件和典型人物，成为践行人民兵工精神的优秀典范，成为承载人民兵工精神的杰出代表，成为弘扬人民兵工精神的光辉旗帜。在新的历史时期，这些时代典范必将为兵器事业创造新的辉煌牢固信念根基、汇聚磅礴力量。

一、典型单位

从官田兵工厂的创立，到抗战时期黄崖洞兵工厂的硝烟，从新中国成立初期被授予荣誉称号的53工厂，到在行业担当重任的617厂和重庆长安、重庆建设，还有在改革开放中成长壮大起来的北方公司和凌云公司，这些典型单位始终忠实践行人民兵工精神，忠诚履行报国使命，凝心聚力，攻坚克难，创造了经得起实践、人民和历史检验的优秀业绩，成为人民兵工伟大事业之基，对中国革命胜利、经济社会发展、改革开放和中国特色社会主义建设事业做出了突出贡献。这些典型单位是兵器工业战线的骨干力量，也是民族工业的中流砥柱，他们无愧于行业翘楚和时代骄子的光荣称号。

（一）人民兵工"鼻祖"——官田兵工厂

官田兵工厂于1931年第三次反"围剿"后创办于江西省兴国县官田村，是当时红军最大的兵工厂。它的诞生，标志着中国共产党独立创办的第一家综合性兵工厂的形成，是我军武器装备工业发展的"鼻祖"。

官田兵工厂当时对内称为"中央军委兵工厂"，对外称为"中央红军兵工厂"或"中央苏区红军兵工厂"，人们习惯简称其为"中央兵工厂"。当年的厂址，是由红军总司令朱德确定的，选在"馨香瑶圃""文体公祠""陈氏祖祠"万寿宫内，都是清一色的青砖瓦顶、油漆粉画、飞檐翘角的古建筑。依山傍水，后山突兀，便利防空。

☆中央兵工厂旧址群——总部旧址

官田中央兵工厂直属中央军委、中国工农总司令部后方办事处领导，第一任厂长是吴汉杰，党委书记张健，特派员陆宗昌，职工委员会委员长马文。技术力量是来自沈阳和上海的技术工人。官田中央兵工厂创建初期设枪炮科和弹药科。枪炮科有工人200余人，下设修理股、制造股、木壳股、牛皮股、刺刀股；弹药科有百余人，下设炸弹股、子弹股。1933年4月，官田中央兵工厂在枪炮科、弹药科基础上，组建了枪炮厂、杂械厂、弹药厂。枪炮厂下设修理股、机器股和机枪股；杂械厂下设红铁股、刺刀股、木壳股和牛皮股；弹药厂下设子弹股和炸药股。根据厂长吴汉杰同志生前所写的回忆录记载，在兴国官田时，修配了步枪4万多支、追击炮100多门、山炮两门、机关枪2000多挺，翻造子弹40多万发，制造手榴弹6万多枚、地雷5000多个。当年兵工

☆2011年10月，官田中央兵工厂军工教育基地竣工

厂生产的弹药、修配的枪支在战争中发挥了很大的作用。1933年10月底，冈面中央红军兵工厂在瑞金冈面建立，官田中央兵工厂奉命迁至瑞金冈面，职工增加到600余人。1934年10月，除留下100余人坚持打游击外，全部分批随红军长征北上，多数人牺牲在长征途中，幸存者后来都成为八路军兵工生产的骨干。

1987年12月，兵工厂旧址被江西省人民政府确定为江西省重点文物保护单位；2001年6月，被中宣部公布为全国爱国主义教育示范基地；2006年6月，被国务院公布为第六批全国重点文物保护单位。2009年10月，"官田中央兵工厂旧址群"被授予首批全国国防科技工业军工文化教育基地。2011年10月，兵器工业集团、兵器装备集团和兴国县委、县政府在"官田中央兵工厂旧址群"基础上，共建"官田中央兵工厂军工教育基地"。这两大集团公司共投入1000万元人民币进行该基地的中央兵工厂博物馆建设。整个工程按照"修旧如旧"的原则，对现存旧址群包括总务科、弹药科、枪炮科、利铁科、工人俱乐部旧址5处进行修复，并配有大量实物展品。所有这些举措，对更好地挖掘革命教育资源，铭记先辈丰功伟绩，传承老兵工光荣传统，推动国防工业和武器装备的发展，提供了强大的精神动力。

（二）抗日根据地最大的兵工厂——黄崖洞兵工厂

黄崖洞兵工厂的前身是1938年9月由八路军115师和129师的修械所合并而成的八路军总部修配所，原址在榆社县韩庄村。1938年7月，八路军副总参谋长左权亲自选址筹建八路军总部兵

☆山西省黎城县八路军总部军工部一所——黄崖洞兵工厂旧址

161

工厂——"水窑兵工厂"，即黄崖洞兵工厂。它坐落在山西黎城县、武乡县与辽县（后改为左权）三县的交界地，这里群峰耸峙，绝壁千仞，沟壑纵横，地势险峻，山泉水沛，树木葱荣，易守难攻，是安营扎寨的好地方。因这里悬崖陡壁皆为黄色，东崖半空有一天然石洞而得名，是抗战时期八路军创建的规模最大、人数最多、产量最大、品种最多、影响最大、贡献最大的兵工厂。被朱德、彭德怀誉为八路军的"掌上明珠"。

在时任八路军总部军工部部长刘鼎的指挥下，从远在90华里之外的榆社韩庄修械所和武乡柳沟铁厂迁入，来自五湖四海的兵工战士，自己动手，就地取材，石头垒墙，石板当瓦，仅用半年时间，就建起了6000平方米的工房和宿舍。黄崖洞兵工厂共有机

☆黄崖洞兵工战士

器设备40多台，其中三节锅炉1台、蒸汽机2部、切削机床20多部。全厂共有12栋房子，有工人700多人，平均月产步枪300余支，最高可产430

☆1940年4月，根据地人民踊跃捐献铜铁支援兵工生产

支。先后生产的步枪、掷弹筒和50弹年产量可装备16个团。

在这里，涌现出了一批高级知识分子和能工巧匠，有被毛主席亲笔题词为"生产战线上的英雄"的我军第一支自行设计制造的"无名氏马步枪"和"八一式马步枪"的设计制造者、黄崖洞兵工厂副厂长刘贵福，有从国外留学回国投身革命的郭栋才、程明升、陆达和北洋大学毕业的陈志坚、北平大学毕业的郑汉涛等技术专家，有用手抠出八路军第一支冲锋枪受到朱德总司令赞赏和接见并亲笔题赠"生产英雄"的韩忠武，有令日本鬼子闻风丧胆的被称为"麻尾弹之父"的"小炉匠"石成玉，有被称为"新劳动运动旗手"的"炮弹大王"甄荣典等。

1941年11月11日，日寇36师团汇合第4、6混成旅计5000余众进犯我黄崖洞，我军特务团奉命保卫黄崖洞兵工厂。团长欧致富在彭德怀副总司令和左权副总参谋长的直接指挥下，带领战士在青年兵工自卫队的配合下与4倍于我军的敌人激战8昼夜，歼敌

1000余人，其中毙敌850人，保卫了兵工厂，赢得了敌我伤亡6：1的辉煌战果。黄崖洞保卫战被中央军委评价为"1941年以来反扫荡的一次最成功的模范战斗"，八路军总部授予特务团"黄崖洞保卫战英雄团"的光荣称号。黄崖洞保卫战打出了八路军小米加步枪的威风，打灭了日本侵略军的骄横，在国内、国际战争史上创造了以少胜多、以劣势装备战胜优势装备的奇迹，因此震惊中外、名扬世界。黄崖洞保卫战粉碎了华北日军妄图摧毁我军工生产的阴谋，书写了八路军抗击日本侵略者的光荣战史。

曾经的硝烟现成历史，留给我们的是缅怀与发扬。在黄崖洞口和景区牌坊大门上，有邓小平同志1985年亲笔题写的"黄崖洞"三个金色大字。在黄崖洞保卫战中，我军曾在这里的吊桥上派一名年仅17岁的小战士崔振芳把守，用麻尾弹就把日军堵在山门外达七天七夜。黄崖洞保卫战烈士陵园是为纪念黄崖洞保卫战中殉国的烈士而建的。纪念塔为一座7米高的四方体水泥结构，上书"黄崖洞殉国烈士永垂不朽"11个大字。纪念塔后是烈士公墓。墓前有一石碑，是1942年9月18日所立，碑上刻着当年保卫战的直接指挥者欧致富同志撰写的碑文和43位烈士的英名。石碑上刻写着戎子和、杨秀峰、欧致富等同志的题词。在黄崖洞的山坡上有左权种下的"将军松"。可以说，这里的每一座红石建筑，每一道断壁残墙，每一寸土地都浸染着毛泽东、朱德、彭德怀、左权、邓小平等老一辈无产阶级革命家的心血，印记着中国革命的艰辛脚步。

黄崖洞兵工厂是中国工农红军中央官田兵工厂的薪火传承，黄崖洞精神和人民兵工精神一脉相承，是人民兵工发展壮大的历史见证。据《山西军事工业史稿》记载：1935年10月，红军长征胜利到达陕北吴起镇时，原中央官田兵工厂的职工仅剩下副厂长郝希英等七人。1935年，组建红军兵工厂，由红军总供给部领导，任命郝希英为厂长。抗日战争爆发后，红军兵工厂、红二方面军兵工厂的职工，先后分五批开赴山西，在太行、吕梁山区创建了规模更大的山西人民军事工业。其中，红军兵工厂厂长郝希英等作为第二批，在1938年冬由延安调往太行山，参加八路军总部的敌后军事工业建设，郝希英先任柳沟铁厂军代表，后任军工部二所、三所所长。被习仲勋同志题词为"兵工泰斗，统战功臣"的我国军事工业创始人和杰出领导者、原闽浙赣兵工厂厂长兼政委的刘鼎等作为第四批，在1940年5月从抗日军政大学调八路军总部军工部任部长。从著名的将军县江西兴国参加革命的老红军熊杰在1939年9月调八路军总部军工部，任一所（即：黄崖洞兵工厂）教导员。因此，黄崖洞兵工厂是中国工农红军中央官田兵工厂的薪火传承，正是在刘鼎、郝希英、熊杰等老红军言传身教的影响下，黄崖洞兵工厂的干部职工继

☆黄崖洞兵工厂生产的手榴弹

承和发扬了红军时代兵工战士"一切为了战争，自力更生，艰苦奋斗，多造武器，造好武器"的优良传统；继承和发扬了忍饥耐寒，连续作战，不惧困难，不怕牺牲，为发展军事工业的献身精神。这一切，是长征精神、人民兵工精神的传承，成为推进人民兵工事业不断发展壮大的坚定信仰和精神支柱，成为全体兵工人的"精气神"。

黄崖洞兵工厂就像一颗火种，播撒了红色文化之火，为我党的军工事业和国防科技工业培养了大批优秀干部和科技人才，成为共和国大厦崛起的根基。黄崖洞兵工厂在解放战争中壮大为华北军火生产基地，兵工厂最多时达19个，他们开展的"刘伯承工厂"生产竞赛运动为解放全中国立下赫赫功勋，在全国解放后为共和国的国防工业的发展和民用工业的成长做出了贡献，先后派生出了342厂、304厂、307厂、374厂、519厂、河南红宇厂、河南川光厂等军工企业，从黄崖洞走出的一大批精英，后来都成了兵器、航天、船舶、重型机械、冶金、电力等多领域里的领导与技术骨干，她就像一颗颗火种，播撒了红色文化之火，成为共和国大厦崛起的栋梁。

黄崖洞兵工厂旧址群先后被中宣部授予"全国爱国主义教育示范基地"、全国第一批"红色旅游景点"，被中共山西省委、山西省人民政府授予"山西省爱国主义教育基地"，被山西省国防教育委员会授予"国防教育基地"，被中国国防科技工业授予全国军工文化教育基地。

（三）中国历史最悠久的工业企业之———重庆长安

重庆长安（泛指现重庆长安工业集团有限责任公司和重庆长安汽车股份有限公司）起源于1862年清朝洋务大臣李鸿章创办的上海洋炮局，距今已有154年历史，跨越了三个世纪的风雨，是中国现存最早成立的军工企业和历史最悠久的工业企业之一。

1862年，洋务运动风起云涌。清朝重臣李鸿章授意英国人马格里，在上海松江的一座庙宇里创办了上海洋炮局，这就是重庆长安的前身。1863年，上海洋炮局迁至苏州，更名为苏州洋炮局；1865年迁至南京雨花台，扩建为金陵制造局；1929年更名为金陵兵工厂。1937年全面抗战爆发后，为保存民族兵工实力和持续支援抗战，金陵兵工厂奉命西迁重庆。重庆解放后，该厂由西南军政委员会接管，更名为长安机器制造厂，成为新中国兵器骨干企业。

作为民族兵工的重要组成部分，重庆长安自诞生之日起，在中华民族抵御外辱、发展军工技术中屡次挺身而出，担当重任。抗日战争时期，重庆长安（当时为第21兵工厂）作为当时全国最大的兵工厂，共生产马克沁重机枪1.8万挺、捷克式轻机枪1.51万挺、中正式步枪8.67万支、汉式步枪210.7万支、82迫击炮弹3201万颗、黄磷手榴弹31万颗、120毫米迫击炮94门，以及各种雷管、炸药包、擦枪器具等若干，其产量约占全国兵工厂武器总产量的60%，是当时中国最大的轻武器生产基地，为中华民族取

☆2011年12月20日，长安汽车第1000万辆整车下线

得抗战胜利做出了不可磨灭的贡献。尤其在枪、炮、常规弹药生产和革新方面，更是成就斐然：在接收汉阳步枪厂后，21兵工厂对"中正式"步枪进行了优化改造，使之性能大为提高，在兵工署举办的"中正式"步枪比赛中，产品获得"最优"殊荣。1944年，21兵工厂参照法国布朗德式120毫米迫击炮，开始研究仿制，历时8个月，同年底即出产品成品发往前线；该炮炮弹重10.5千克，最大射程约3000米，可曲、平射两用；后来又将车轮改为胶轮，并进行弹簧减震等改进试验，进一步了增强炮的机动性。

"战以止战，兵以弭兵，正义的剑是为保卫和平；创造犀利的武器，争取国防的安宁……"，这首创作于1937年，由郭沫若作词、贺渌汀作曲的《21兵工厂厂歌》（今《长安之歌》），诠释了百年长安的历史使命，凝聚了伟大的抗战精神，成了历久弥新的珍贵精神财富和文化遗产。

新中国成立后，重庆长安积极填补我国武器装备空白，于20世纪50年代试制成功中国第一把手枪——51式手枪；50年代末又试制成功四联高射机枪，成为当时较为先进的低空防空武器。重庆长安生产的武器弹药用于抗美援朝、抗美援越、珍宝岛战役等，为取得抵御外辱战争的胜利提供了坚实保障，书写了人民兵工一段段可歌可泣的感人故事。

1955年，重庆长安开始研制"虎头牌"猎枪，到1985年共设计生产了4种类型13个品种。70年代中期对猎枪进行改进，增加了装饰性花纹，对枪托外形进行改进设计，提升了猎枪性能，打开了销路。1983年，美国一位商人在其检测报告中称赞道：该枪结构可靠，其强度超过美国同类产品；随后，这位美国商人一次性订购猎枪5000支。在1992年巴塞罗那奥运会上，我国四川籍女射击运动员张山，用长安厂生产的虎头牌猎枪与嘉陵的猎枪弹，战胜了同场竞技的男运动员，一举夺得双向飞碟冠军，从此长安猎枪名扬四海。为此长安厂奖励了张山奥拓轿车一台，政治局委员、国务委员、国防部长秦基伟亲自出席了授赠仪式。

1958年，重庆长安成功研制"长江"牌46型军用吉普车，其排量2199毫升，最高时速115公里，百公里油耗13.7升。这是长安军民融合产品的早期代表作，也是中国企业自主生产的第一辆吉普车，它拉开了新中国生产0.5吨级轻型越野车的序幕，该车光荣参加了1959年国庆十周年阅兵式。1963年，"长江"牌吉普车停产，其图纸资料和技术文件全部移交给北京汽车制造厂。这是重庆长安进入汽车行业的最早萌芽。

1994年8月，生产微型汽车的长安机器制造厂与生产微型发动机的江陵机器厂实行强强联合。此后，重庆长安军民品齐头并进，均得到新的更大发展，成为军民融合发展的成功典范。特别是汽车发动机和整车生产合二为一，为发展汽车产业奠定了坚实基础，支撑重庆长安在汽车领域不断发展壮大，孕育出千亿级企业重庆长安汽车股份有限公司。

2008年12月，重庆长安实施军民分立，分别组建重庆长安工业（集团）有限责任公司和重庆长安汽车股份有限公司。重庆长安工业（集团）有限责任公司承续特种产品研制，2009年底由重庆市江北区搬迁至渝北区空港工业园，发展成为以特种产品研制为本、以智能制造和工程建设等相关产业为重点的企业集团。

长安工业公司是我国小口径高炮、小口径车载炮、小口径舰炮及弹药引信的主要生产基地，其中23高炮远销海外，双25高炮、四管25自行高炮和车载机关炮大量装备部队，为我军现代化做出了贡献。它们的人工消雹降雨弹填补了国内人工干预天气的空白。经过60多年的发展，人工降雨产品已由单一的火炮发射型扩展到火箭推动型；降雨弹更是完成了一代又一代的改良，节约碘化银使用量80%，威力提高80%，为各地抗旱救灾发挥了重要作用，取得了可观的经济效益和良好的社会效益。目前，重庆长安是我国人工降雨产品的最大供应商。产品在全国20多个省市使用，覆盖了近60%的市场份额。

重庆长安汽车股份有限公司主要经营长安品牌汽车，2009年被国家《汽车产业调整和振兴规划》列入中国汽车行业第一阵营；其自主品牌汽车2014年在国内首家累计销量突破1000万辆，2015年自主乘用车首家年产销过百万辆，研发能力已连续多年位居国内同行之首。

（四）从"汉阳造"到"建设造"的百年老厂——重庆建设

重庆建设（泛称现重庆建设工业集团公司和重庆建设摩托车股份有限公司）的前身是清朝洋务大臣张之洞1889年创办的湖北枪炮厂，距今已有127年历史。该企业跨越了三个世纪，见证了中国近代百年兴衰变迁，历经了从"汉阳造"到"建设造"的嬗变，书写了兵器工业"老字号"的传奇。

1889年，两广总督张之洞引进德国机器和枪械技术，在广东省兴建枪炮厂。其调任湖广总督后，于1890年将枪炮厂移至湖北汉阳大别山（今龟山）北麓，命名为湖北枪炮厂。1895年冬投产，开始生产德国出品的1888式毛瑟步枪；其后进行改进，采用7.9毫米口径。所产步枪因枪套上刻有汉阳兵工厂的厂徽而被称为"汉阳造"。

工厂初期拥有枪、枪弹、炮、炮架、炮弹5个分厂，工人

☆重庆建设工业集团谢家湾老厂门

1200多名；后多次分合扩充，产品种类逐渐增多，生产规模逐步扩大，发展到拥有员工3000人以上，每年可造枪5000余支、枪弹380余万发、各种炮150尊、炮弹4.5万余颗。1914年，更名为汉阳兵工厂。其生产的军火，在质量和数量上都大大超过了李鸿章创办的当时全国最大的军用企业江南制造总局。

一波三折的"汉阳造"88式步枪一直生产到1944年，历经了半个世纪，寿命超过了任何一种曾在中国生产过的武器。据重庆建设厂史记载，1895—1909年共生产"汉阳造"7.9毫米马步枪130658支，1910—1928年生产7.9毫米步枪565232支，1928年以后日产步枪200支；目前已知"汉阳造"的最高序号是6D9381，

1944年出厂。据查考统计，"汉阳造"步枪总产量在100万支以上。从20世纪初到40年代，一直是装备我国步兵的主要武器，成为辛亥革命、武昌起义、南昌起义、北伐战争、土地革命、抗日战争等的主用枪械；直到抗美援朝战争，中国人民志愿军仍有许多部队持着"汉阳造"在冰天雪地中与十六国联军拼杀。20世纪60年代后，"汉阳造"退为民兵武装。

从清末新军开始，到北洋军、北伐军、国民党中央军、红军、人民解放军，"汉阳造"武装了无数的中国部队。1931年11月7日，中华苏维埃第一次全国代表大会开幕之际举行的阅兵典礼上，部队扛的就是汉阳造轻重机枪、小钢炮、迫击炮。现南昌"八一"起义纪念塔上矗立的，也是一把大理石雕出的"汉阳造"步枪和一面红旗。

毛泽东对"汉阳造"可谓有着非常特殊的感情。曾经相当长的一段时期，中央警卫团的代号"8341"几乎成了家喻户晓的数字。特别是"文革"期间，8341部队由于其所处的特殊位置，非常有威慑力，再混乱的地方，只要是8341部队去支左，马上就会扭转局面。"8341"的番号一直使用到毛泽东逝世才完成使命，退出警卫团的军旅生涯。中央警卫团使用"8341"代号的原因，主要与毛泽东的一段特殊经历有关。毛泽东年轻时，从韶山到长沙后，参加了湘军，被编入湖南新军混成旅第五十标第一营左队，当了一名下士，领到了一支编号为"8341"的"汉阳造"旧步枪。那支枪满目疮疤，但毛泽东非常珍惜和喜爱，每天

☆公司全景——花溪工业园区

观看、擦拭，对它爱不释手。半年以后，毛泽东离开新军，交出了那支枪。后在革命征途上，毛泽东始终没有忘记那半年的新军生涯和那支编号为"8341"的"汉阳造"旧步枪。那是他一生中革命的起点，也是他一生中第一次掌握了一支旧步枪！到他接受了马列主义，逐步认识到"枪杆子里面出政权"和"党指挥枪"的重要性，也不时把这些思想和那支旧步枪联系在一起。新中国成立初，在建立中央警卫团时，毛泽东情不自禁地想起了那支"8341"编号的步枪，就用那个编号作了中央警卫团的番号，以纪念他的战争生涯，同时喻义"党指挥枪"。

神奇的"汉阳造"武装了一代又一代军人。那些岁月，她在中国兵工和军旅界无人不知、无人不晓，在海外也是声名远扬。新中国成立后，我国以汉阳兵工厂等老兵工厂为基础，建设起崭新的兵工体系。步枪研制领域水平也不断提升，形成了今天95式5.8毫米枪族系列，达到了世界先进水平。

抗日战争时期，汉阳兵工厂内迁到重庆。新中国成立后，更名为建设机床厂，历经生产恢复、建设新型兵器工厂、贯彻"军民结合"方针、开展紧急战备生产、进军民品等不同阶段和多次更名，从搬迁到重庆建厂初期产品单一、技术含量低、生产条件差的洋务兵工厂，逐步发展为军品、摩托车、车用空调压缩机三足鼎立，产品技术含量较高、市场竞争能力较强的军民结合型大型国有企业，创造了一个又一个奇迹。毛泽东、邓小平、江泽民，曾分别于1958年3月28日、1965年11月15日、1991年4月15日，亲临该厂视察。

工厂军品生产研制不断实现新突破，尤其在轻武器领域为国防建设做出了重大贡献，在我国从无到有、从小到大研制生产步枪的三个主要阶段，均发挥了重要作用。在仿制阶段，工厂工人、技术人员在试制和生产实践中学习、锻炼，一支实力强大的兵工队伍快速成长起来。参与研制生产的56式半自动步枪、56式冲锋枪等装备部队，提高了战斗力，促进了我军正规化建设，在保卫国家的几次边界自卫战争中发挥了积极作用。在自行设计阶段，参与了63式自动步枪研制。在独立自主研究阶段，作为独立研制小口径枪族的"国家队"成员之一，坚持高起点、高水平、具有中国特色的研制方向，积极探索采用新技术、新工艺、新材料，使各项技术指标达到了世界先进水平。1979年工厂生产的半自动步枪、1984年生产的小口径自选枪和标准枪，先后荣获国家金质奖；国庆50周年阅兵获得"装备工作突出贡献奖"，国庆60周年阅兵获得"保障服务先进集体"殊荣。

建设厂不仅是我国第一大步枪厂，而且在军转民中曾经是一面旗帜。"建设"品牌系列产品驰名海内外。先后研发出几十款民用枪支，其中玩具枪实现了欧洲、日本等主要目标市场全覆盖，猎枪进入了美国、加拿大等市场；开发的系列运动枪、气枪等，广泛应用于国内外体育竞赛。中国射击队的男女运动员，先后用该厂的小口径运动步枪在国内外竞技场上，打破过多次世界纪录，获得过多项世界冠军，为国家争得了很大荣誉。1984年洛杉矶奥运会上，中国运动员吴小旋使用重庆建设研制的"峨眉"牌小口径运动步枪，一举夺得金牌，成为中国第一个奥运女冠军。

尤其在摩托车方面取得了突出成绩。工厂于1980年开始自主开发摩托车；1982年与日本雅马哈株式会社合作，引进雅马哈V80技术，推进了摩托车产业化经营，建设摩托与嘉陵摩托齐名，曾经享誉全国。到2015年，工厂累计产销摩托车2345万辆；其中2008年产销170万辆，创历史最高峰。企业先后建成中国摩托车行业首家国家认定企业技术中心、摩托车检测中心，先后获评"中国名牌产品""中国驰名商标""全国用户满意产品""最具竞争力的中国民族品牌"等殊荣。1995年7月25日，企业股票在深交所上市交易，名称为"建设摩托车股份有限公司"，代码"深建摩"，成为中国兵器行业和中国摩托车产业第一家B股上市公司。

工厂于1992年开始自主研发车用空调压缩机。1994年从日本精工精机引进96立方厘米旋叶式汽车空调压缩机技术；2003年和2004年，再次分别引进原日本精工电子120立方厘米旋叶式汽车空调压缩机、日本康奈可83立方厘米铝质旋叶式压缩机技术，并在引进的同时积极自主创新，形成了较强的车用空调压缩机研发能力。现企业产品已横跨旋叶式铁质和铝质压缩机、活塞斜盘式定排量压缩机、活塞斜盘式变排量压缩机和电动压缩机等技术平台，覆盖32～480立方厘米排量；已累计产销1500万台，2015年达到186万台，2016年将突破200万台，销量稳居行业前三。压缩机产品先后荣获"中国著名品牌""法国科技质量监督评价委员会高质量产品"及"中国进入WTO推荐产品"等殊荣。

（五）新中国成立初期的模范工厂——53工厂

53工厂原称东三省兵工厂，位于沈阳，始建于张作霖时代。在抗美援朝时期，53工厂在厂长高方启、监理莫文祥的领导下，生产蒸蒸日上，产值连年大幅度增长。1951年比上年增长了4倍，1952年又翻了一番，当时是兵器工业乃至全国工业战线的一面旗帜。1952年12月24日，中央人民政府经济委员会和中华全国总工会联合决定，经周恩来总理批准，授予53工厂"模范工厂"的光荣称号。朱德总司令专门为他们题词："你们是依靠工人阶级搞好工厂企业的模范"。12月28日，《人民日报》发表了"推广53工厂的经验"的社论，指出：53工厂经验，对于推动厂矿企业

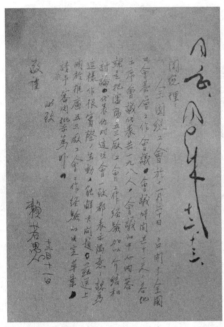

☆周恩来总理批示学习53工厂经验

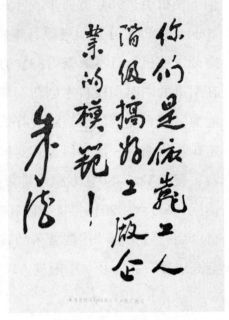

☆1953年朱德为53工厂题词

基层工作及早走上正常轨道，具有重大意义；号召全国工矿企业学习53工厂的经验，以适应国家大规模积极建设的需要。中华全国总工会也发布了《关于推广53工厂工会工作经验的决定》。二机部在推广53工厂经验的通知中也指出：必须明确认识推广53工厂经验与完成和超额完成任务是密切不可分割的关系，它是保证完成任务的最有效方法。

　　一个学习53工厂经验的运动在全国工矿企业中蓬勃开展起来，推动着企业的政治思想工作、基层管理工作迈上了新台阶。在中国兵器工业历史上，在全国工会工作历史上，乃至全国企业管理历史上都写下了辉煌的一页。

53工厂的主要经验如下：

一是依靠工人阶级办好工厂。在党委领导下，建立工厂管委会与职工代表会议制度，实行民主管理。管委会由党政工团领导和工人代表组成，定期开会，听取厂长工作报告，讨论工厂大事。行政与工会订立集体合同，从不同角度，采用不同方法，发动和依靠职工确保生产计划的完成。

二是把思想政治工作渗透到经济工作中去。提倡政工干部要做"思想工程师"，深入生产第一线，培养典型，树立榜样，提高职工贯彻党的决议和完成国家计划的自觉性，激发劳动热情。

三是党政工团拧成一股绳，以生产为中心，开展创新纪录运动和爱国主义劳动竞赛；把增产节约同提高企业管理水平有机结合起来，从而调动了职工群众的劳动积极性，加强了企业管理，促进了劳动生产率大幅增长。

53工厂的经验体现了工人参加管理的理念和党政工团拧成一股绳的团队精神，它在全行业和全国的推广，为"两参一改三结合"的"三华经验"的诞生奠定了坚实的基础。

（六）兵器工业的长青藤——617厂

617厂是国家"一五"期间156个重点建设项目之一，是国家唯一集履带和轮式战车于一体的研制生产基地，也是国家重点保军骨干企业和内蒙古自治区最大的装备制造企业。

　　1953年2月，随着新中国大规模经济建设的开始，原第二机械工业部第六局成立了筹备处着手筹建617厂，同年5月，617厂正式成立，1954年初，新中国的建设者们在内蒙古包头荒原戈壁掀起了建设高潮，到1957年已初步具备了生产制造能力。在苏联专家的帮助下，617厂干部职工根据苏联T—54A坦克技术资料和样品，于1958年12月25日，首台59式坦克试制成功。新中国自己制造的第一辆坦克的诞生，结束了中国不能制造坦克的历史。1959年，在中华人民共和国国庆10周年的阅兵式上，当毛主席挥手向新中国第一批自制坦克方队招手致意的那一刻，永远成为新中国兵工人引以自豪的无尚光荣，也向世人昭示了新中国坦克制

☆内蒙古一机集团办公楼

造基地在祖国北部边陲正式落户扎根。

正当坦克制造技术消化吸收的关键时刻，1960年中苏关系恶化，苏联撤走了专家，停止坦克原材料供应，使中国的坦克制造陷入了困境。由于当时尚未掌握合格装甲钢生产制造技术，617厂与52所工程技术人员发扬艰苦奋斗、自力更生精神，经过反复试验，于同年10月研制出坦克所需的"601号钢"，它的研制成功，打破了苏联方面的封锁，建立了中国自己的坦克用钢体系。

1964年7月开始，工厂作为总师单位在59式坦克基础上改进和试验，1974年3月研制出我国新一代69式中型主战坦克并定型，中国坦克制造走上了改进提高并向独立自主研发前进的道路。

进入20世纪80年代，617厂在全面贯彻中央"军民结合、平战结合"的方针中，始终没有忘记自己强军报国的神圣使命，坚持按照"生产一代、研制一代、预研一代"的原则，规划军品科研，紧紧跟踪世界坦克生产制造先进技术，不断加大科研开发研发力度，先后研制生产了80系列、90系列等新型坦克，研发能力得到提升，技术储备进一步加强。

军品外贸是国家战略的体现，也是展示军用装备制造技术、提升军品研发制造能力的重要舞台。1981年，617厂在69式坦克的基础上开始研制69-II、69-IIA外贸坦克以及相应的指挥车，截至1983年工厂共生产外贸坦克2476台。中国制造的坦克开始走出国门。在80式坦克定型的同时，开始了对外贸易坦克85-IIAP

☆99式主战坦克

☆4×4轻型战术车向民品化发展

☆消防清障车

型的设计，这是中国第一台具有昼夜都可以对运动目标射击的中型坦克，该外贸坦克销加改进，就变成了96式主战坦克，批量生产装备于国内。与此同时，设计完成了90-Ⅱ型坦克，并成功打入军贸市场。该坦克同时安装了我国自行研制的指挥仪式稳像火控系统，并加装了GPS导航与反穿甲弹、反破甲弹系统，此项新型研制产品，有效提升了我国武器装备的综合实力和水平，为维护世界和平起到了大国应有的作用。

617厂作为国内唯一的坦克研发制造基地，经过60多年的发展，连续开发、研制、生产出多个系列50多个车型，而每一次研发成功都代表了我国主战坦克的最高水平，三代坦克的研制成功，标志着中国坦克制造事业真正走上了独立自主、自力更生、开拓创新的发展道路。

改革开放后，617厂干部职工不等不靠，在困境中求生存，在变革中谋发展，率先打破单一的军品生产模式，利用强大的军工技术装备优势，以市场需求为导向，大力推进新型产业化，推进科学技术创新，强化专业化管理，瞄准市场抓好产品研发，成为搏击市场的行家。在民品研发生产过程中，617厂始终坚持"科技强企"的经营理念，始终坚持以市场为导向，积极开发国际、国内两个市场，拓展多渠道、全方位的技术合作，形成系列化民用产品经营格局。从年产几百辆到年产5万辆，北奔重卡成为内蒙古自治区最大的重型车辆生产研发基地；依托企业积淀几十年的军品科研优势，自主研发的铁路车辆形成A、B、C三种系列中、高档系列产品，填补了兵器行业和内蒙古自治区的空白；获得美国API证书许可证的"大地牌"抽油杆，积极顺应市场需求和用户的期待，做到规模和效益稳步增长，使行业地位、产品质量、技术创新能力得到了全面提升；大功率AT变速箱和装备行业制造服务平台列入国家"863"计划，为提高公司在国家战略层面占位和行业地位创造条件；4×4防雷车成为军民两用产品，亮相珠海航展，引起国内外客商的高度关注。军民品犹如两个车轮推动着617厂的发展，从60多年前经济总量仅0.4亿元到2015年突破140多亿元的大发展，总资产由不足4亿元到140多亿元，军品发展从无到有、从小到大、从弱到强，军品通过从原始到创新形成了履带、轮式两大系列并行发展格局，同时保持了每年稳定增长和至今连续38年盈利的好成绩，一举成为兵器工业集团的排头兵。

2011年6月24日，根据国家对国有企业重组要求，兵器工业集团进行了第四批战略重组，由617厂、247厂、5402厂组成内蒙古一机集团，结合新的使命，公司确立了打造中国第一、国际一流军民结合车辆集团的奋斗目标，明确了以军为本、以车为主、创新观念、科技引领、跨越发展思路，着力培育军品、重车、铁路车辆、石油机械、工程机械五大业务板块，建设铸造基地，打造以高端装备制造为特征的现代化工业园区，实现科学发展新的路线迈向一个新阶段。

新时期617厂继承发扬老一辈兵工人的优良传统，为快速适应未来信息化条件下局部战争的发展要求和国防建设的需要，急国防建设之所急，积极构建功能完善的新型数字化装甲，以信息化推动机械化，实现数字化、信息化与机械化相结合的道路。在技术创新性、可行性和实用性等方面进行精心论证，以突出高机动性和信息化能力为目标，采用数字化技术，实现了火力控制、指挥控制、通信与网络、计算机系统、定位导航和敌我识别等，使创新成果转化为战斗力，以最大限度满足战争需求，实现了关键技术突破，提高了617厂作为主战重点装备总体技术方面水平上升到了一个新的历史性跨越。"十二五"期间，617厂科研立项133项，获得省部级以上科研进步奖77项，其中国家级2项，一批武器装备先后批生产，一大批国家重点实验室获批，实现自治区和兵器零的突破，创新体系建设收获可喜，核心能力建设稳妥推进，公司五次荣获"五一劳动奖状"荣誉称号。

回首走过的光辉历程。在共和国年轮的里程碑上，深深地刻下了每一次难忘的记忆——1959年国庆阅兵、1984年国庆35周年阅兵盛典，1999年、2009年两次国庆大阅兵，2015年9月3日纪念中国人民抗日战争胜利及世界反法西斯战争胜利70周年大阅兵，每一次阅兵盛典，都闪耀着我国自行研制生产的新型主战坦克和重型装甲车辆威武雄壮的身影，向世界展示了中国国防的强大力量，彰显了中国坦克制造的雄厚技术和实力。这些挤身于世界先进行列的装甲车辆，反映出了617厂干部职工"永争第一"的坚强信念，也是他们对献身国防、不忘使命、不辱使命、履行使命的最好诠释。

（七）驶上"一带一路"的先行者——北方公司

中国北方工业公司（简称北方公司）是产品经营与资产经营相结合，集研发、生产、销售、服务为一体的企业集团，主要从事防务产品、石油及矿产资源开发、国际工程承包、光电、民爆化工、运动器材、车辆、物流等业务，国际化的经营能力位居国有企业前列。

　　作为我国军贸事业的开拓者和领先者、国家实施"走出去"战略的重要团队、兵器行业国际化经营的主力军，北方公司成立36年来，始终顺应国家改革开放和发展大势，响应国家号召，服务国家战略，致力于推动军贸、石油、矿产、民品国际化经营、投资与资产经营五大战略性产业板块在国际市场全面发展，不断向世界一流跨国公司，向贸易与产业结合型企业跨步前进，在"一带一路"领域赢得了领先的市场地位、突出的竞争优势和广泛的品牌影响，取得了一系列令人瞩目的成就。

　　防务合作是国家赋予北方公司的核心使命。北方公司创新军贸研发体制机制，成立军贸技术研究院，完善军贸创新平台；持续加大军贸研发投入，积极支持兵器行业基础研发项目，为军贸可持续发展提供技术和产品支撑。顺应军贸发展大势，努力实现兵器工业集团公司尹家绪董事长关于军贸"三个转变""三个升

☆兵器工业集团与俄罗斯格洛纳斯非商业集团签署谅解备忘录，李克强总理与梅德韦杰夫总理见证签约仪式

级"要求，加快推动从跟踪市场向策划市场转变、从需求牵引向技术推动与需求牵引相结合转变、从军贸公司单打独斗向产业链与企业群之间一体化运作的"大军贸"转变；从为客户提供单一产品装备模式向成套成体系模式升级，向成建制一揽子系统解决方案升级，向技术与战术深度融合形成整体作战能力升级。近两年，成建制、成体系武器装备成交与新产品、新技术成交均占成交总额的60%以上，打造了155火炮、VT4主战坦克、"远火"系列多管火箭炮武器系统、"红箭"系列反坦克导弹、"蓝箭"系列

☆天龙中程地空导弹系统

☆VT4外贸主战坦克

☆老挝水电站

空地导弹、天龙50防空武器系统等一系列具有国际影响力、竞争力的品牌产品。同时，以互联网思维创新军贸营销模式，2014年成功举办"中国兵器工业装甲日"主题营销活动，对进一步提

☆北方公司控股的哈萨克斯坦油田项目现场

升国际影响力、扩大装甲系列产品出口起到明显效果；参加承办珠海航展，全方位、立体化展示兵器行业高新武器产品，有力提升了中国兵器、北方公司品牌价值和市场影响力；2015年成功举办"火炮与智能弹药日"主题营销活动，185名外方嘉宾应邀观摩三型火炮产品和四型智能弹药产品实弹射击，现场参观110余种成体系、成建制武器装备实物展出，赢得各国客户广泛赞誉。

北方公司充分发挥军贸溢出效应，拓展对外合作领域，积极参与海外能源、有色金属等战略资源开发，成为保障国家能源资源安全的重要力量。年销售收入突破千亿元。建立成都研究中心、碳酸盐岩研究中心两大技术自有、技术创新和技术资源整合平台，打造了专业齐、能力强、经验丰富的技术研究队伍，多学科、多专业互动和协同作业平台，全面提升专业化技术能力，为油气勘探开发项目提供技术支持。原油储备方面，在大连港和营口港建设油品储罐总容量超过200万立方米，2011年成功进入国家原油储备领域，成为国家能源安全保障团队的重要一员。原油贸易方面，以原油、燃料油及石油化工品进口和转口为主开展贸易，目前已与"一带一路"沿线10余家国家级石油公司建立了贸易合作关系，建立起强大的营销和信息网络，贸易量和贸易额在中国石油企业中稳居前四。

矿业产业持续获取海外优质矿产资源，重点打造缅甸蒙育瓦莱比塘铜矿、缅甸蒙育瓦萨比塘和七星塘铜矿、刚果（金）卡莫亚铜钴矿、津巴布韦铂钯矿，初步建成了一批铜、钴、铂族贵金属等大型矿产资源开发基地，成功收购缅甸蒙育瓦S&K铜矿并顺利复产，持续推进精益管理，努力降本增效，阴极铜产能迅速扩产至5万吨；努力克服政治、社会等复杂风险，完成缅甸蒙育瓦L矿项目主体工程建设，并于2016年3月实现投产出铜；刚果（金）卡莫亚铜钴矿克服困难，抢抓工期，完成矿产建设和试生产。与国际著名矿业能源专业机构及国内矿业科研院所和大型矿业集团开展全方位合作，加快推动生物堆浸优化试验研究等一批对项目开发有较大影响的技术课题研发，申报自主知识产权专有技术专利12项，取得6项实用新型专利，技术底蕴和集

☆伊拉克艾哈代布油田油气处理中心

成能力显著提升;创新贸易模式,稳健开展期货业务,持续提升铜产品贸易市场地位,上下游产业链竞争力不断加强,成为中国钴产品主要供应商,铜、钴矿产品年贸易规模分别达到铜12万吨、钴3000吨。

北方公司在"一带一路"沿线10多个国家承包了地铁、电气化铁路、电站、公路、桥梁等领域的上百个工程项目,总金额达112亿美元,连续多年排名全球225家最大国际工程承包商前列。紧紧把握"一带一路"战略机遇,积极推动对外合作内涵及模式方面转型升级,持续提升国际化经营能力和水平。贯彻市场多元化战略,巩固传统市场,加快新市场开发,相继签约德黑兰地铁6号线项目、地铁车辆供货项目、埃塞俄比亚机车车辆供货项目和输变电项目;创新经营模式,承建老挝南湃水电站BOT项目,各项施工按计划完成，有望提前投产发电；老挝赛德3水电站首台机组顺利投产发电；积极开拓城市供水等基础设施领域业务，巴基斯坦萨塔风电项目开始实施；积极应对房地产市场变化，探索海外项目运作模式。

民品专业化经营充分发挥军贸溢出效应，通过引进、消化、吸收国外先进技术和设备，大力提升专业化、市场化、国际化经营水平，积极应对市场环境变化，实现持续稳健发展。发挥为兵器行业培植高科技民品事业、提升民品发展能力的国际合作窗口作用，带动行业民品出口实现规模和效益同步增长，经营质量显著提升，累计带动行业内民品出口约9亿美元，有效推动行业主导民品和优势民品进入国际市场，在车辆、光电、民爆化工、反恐防暴装备、特资物流、柔性线路板、金属容器等领域具有较强的专业竞争优势，逐步形成了技工贸相结合的专业化民品产业优势。车辆和工程设备业务在"一带一路"辐射区域，先后与15个国家建立了良好合作关系，大力发展商用汽车、铁路车辆、农用机械、石油机具及相关产品出口；加快北斗应用、智慧城市及平安城市等新业务领域开发与资源整合。

作为负责任的国际化大公司，北方公司在开拓海外市场、推进国际化经营的过程中，积极履行企业社会责任，将社会责任理念融入企业战略和日常运营，在诚信经营、员工发展、环境保护、社会公益领域，实现了"负责任经营、可持续发展"。

北方公司严格遵守国际公约和国际市场法律法规、商业规范和社会文化习俗，率先在国内建立了出口自律和防扩散管制体系；坚持从组织和制度上保护人权，将尊重人权与劳工的原则和实践融入日常经营活动中，健全培训体系和HSSE安保体系，尊重员工多样性，保护各国籍员工权益；创新绿色发展模式，各海外资源开发和基础设施建设项目采取多种措施保证符合环评要求，最大程度维系当地环境保护利益；积极参加海内外社会公益事业，参与全球赈灾，先后向遭受地震、洪涝、海啸、特大暴风雪、非典疫情等重大自然灾害的中国内地城市以及巴基斯坦、斯里兰卡、缅甸、泰国、印度尼西亚等国家捐款、捐物，各海外项目主动融入所在国社区建设，扶贫济困、支持当地教育事业发展，营造了良好社区环境。

"一带一路"的宏伟画卷已徐徐展开，"春天的召唤"始终回响耳畔，展望"十三五"，北方公司将顺势而为、乘势而上，

☆坦克两项比赛中96B主战坦克通过车辙桥

大力实施"改革创新、提升能力、精益管理、转型升级"战略方针，积极履行军贸核心使命，巩固并提升军贸行业领先者地位；继续坚持创新驱动，推动产业转型升级，加快全面深化改革，释放体制机制活力；研究领军跨国企业战略布局新动向，结合北方公司国别、区域优势，加快"一带一路"沿线国家战略布局，不断提升国际化经营能力，在"一带一路"上高歌猛进、砥砺前行，在建设世界一流跨国公司的征程中取得新进步，为建设中国特色兵器工业体系做出新贡献！

（八）绝地逢生、搏击市场潮头的典范——凌云集团

北方凌云工业集团有限公司（简称凌云集团）是中国兵器工业集团所属军民结合子集团，凌云集团现有凌云股份公司、凌云

☆凌云涞源旧址车间
生产现场

太行公司、凌云燕兴公司、凌云长城光电公司、凌云凯毅德公司五个子公司，其中凌云股份公司是上市公司，涵盖汽车金属零部件、亚大集团、凌云驱动轴三个业务板块。凌云集团是国内汽车零部件制造业及塑料建材行业知名的大型企业集团，所含分子公司总数已达71家，分布在中国29个省（市）和地区、全球9个国家（包括中国、德国、捷克、墨西哥、巴西、韩国、美国、俄罗斯、南非）。"凌云"和"亚大"是中国汽车零部件制造业和城市燃气输配业的驰名品牌，亚大商标为中国驰名商标。

凌云集团传承人民兵工精神，不仅把一个名不见经传的三线小厂打造成为国内汽车零部件制造业及塑料建材行业知名的军民结合型企业集团，而且形成了企业优秀品质和凌云文化，成为凌云集团企业发展的宝贵精神财富，铸就了凌云集团50年奋斗史上燃烧着的红色基因，为企业注入了勃勃生机与活力。

解放思想，引进外资，成立多家中外合资企业。在军转民之初的1986年，凌云是兵器系统第一批被"断了奶""推下海"的三线企业，当时地处太行山深处，一夜间陷入一无军品、二无民品、三无发展资金的绝境。面对生死抉择，工厂领导集体提出了"奋战三五年，完全依靠民品扭亏为盈"的战略思路，以秉承不认输、不服输、脚踏实地、苦干实干的人民兵工精神和艰苦创业的凌云文化，并通过各种宣传方式，统一了干部职工的思想，形成上下同心的力量。他们坚持从零开始，从"四种八件"汽车零部件产品起家，以"四不厌"精神（不厌其繁、不厌其杂、不厌其少、不厌其小），开展了产品创新到技术创新、市场创新、组织形式创新、生产方式等一系列创新，全员跑市场、找产品，求生存、谋发展，并于1991年实现了"完全依靠民品扭亏为盈"的战略目标，使凌云集团从此走上了以汽车零部件为主导产品的发展轨道。凌云集团首先在涿州建立民品窗口，并依托这一窗口，边生产自救，边寻找机会寻求合资合作，边依靠自身力量着手搬迁。到1994年，经过8年的努力奋战，完成了整体搬迁，并在1987年，与澳大利亚IPS公司合作成立了兵器工业第一家中外合资企业——亚大塑料制品有限公司（简称亚大集团），陆续开发生产汽车尼龙管路系统产品、市政工程管道系统等产品。企业整体搬迁到涿州后，亚大公司效益年年增长，发展势头强劲，与

☆凌云集团办公大楼

☆凌云集团机器人焊接生产线

此同时，汽车金属零部件产品规模和效益逐年提升，被誉为汽车零部件行业的"小巨人"。面对逐步向好的发展趋势，凌云集团清醒地认识到，要在市场上挺得住、站得稳，求得更大的发展，就必须克服小富即安、小富即满的心理，不忘初心，继续前进。1995年，凌云集团借鉴与澳大利亚成功合作的经验和示范效应，与北方基金会合资成立汽车零部件公司，与丹麦合资成立了阔丹凌云汽车橡胶管路公司，与美国通用德尔福公司合资成立了凌云驱动轴公司，使凌云集团的综合实力大大增强，进一步站稳了市场的脚跟，为凌云集团的可持续发展奠定了坚实的基础。目前凌云股份的合资企业已经达到了19家。

深化改革、创新发展，实现凌云股份公司成功上市。自2000年以来，新一届领导集体积极进取，锐意创新，主动作为，大刀阔斧地进行了一系列改革创新。一是成立职工持股会组建了凌云集团。尽管后来由于上市公司的特殊要求，职工持股会退出，但职工以现金入股，为企业发展提供了资金支持，职工股在退出时，也获得了非常好的回报。二是抓住机遇，大胆进行辅业改制，剥离辅业资产，让凌云集团的主业更加突出，改制单位也得到了长足发展。三是开展债转股，摆脱了搬迁时期造成的沉重债务负担，得以轻装上阵。四是进行了大规模的资产置换，集中优势资产，克服了重重困难，凌云股份公司于2003年在上海证券交易所成功上市，为凌云集团利用上市公司平台，开展大规模市场区域化战略布局提供了源源不断的资金支撑，也使凌云集团发展步入了良性循环的可持续健康发展轨道。

加快场区域化战略布局，让凌云始终立于市场前沿。凌云集团始终将市场视为企业发展的命脉，鼓励引导干部职工坚定对战略的信心、市场信心、产品信心和客户信心，从20世纪90年代开始，围绕核心客户，稳步推进市场区域化战略布局。截至2016年，国内的市场区域化布局基本完成，仅凌云股份公司下属分（子）公司就达54家，遍布全国20多个省市和地区。全面的市场区域化战略布局，为凌云的发展注入了蓬勃的生机和活力，使凌云在严峻复杂的经济形势面前和行业下行压力不断加大的情况下，挺立市场前沿，实现逆势发展。2016年1-6月份，主营业务收入实现76亿元，同比增长18.47%,利润同比增长45.47%，其中凌云股份的规模和效益超过50%，占据大半壁江山。

　　加速"走出去、引进来"国际化进程，点亮"百亿凌云"梦想。2012年，在兵器工业集团的大力支持下，经过艰苦的商务谈判，凌云集团收购德国凯毅德车锁公司股权的收购协议在钓鱼台国际宾馆正式签订，同年9月完成了100%的股权交割，至此，兵器工业集团第一家收购海外公司完美收官，也是凌云集团实施"走出去"战略、融入全球生产销售网络，在更广阔的空间进行产业结构调整和资源优化配置的最坚实、最成功的一步，使"百亿凌云"梦想提前两年实现，迅速跻身全国汽车行业30强。并购之后，70多家分（子）公司遍布全国27个省市地区以及德国、捷克、墨西哥、美国、俄罗斯等国家。凌云集团在实施"走出去"战略过程中，始终坚持不单纯追求规模和利润，坚持"走出去"的目的就是为了更好的"引进来"，不断地进行产业整合，提升核心竞争能力。凌云集团收购德国凯毅德公司，进一步扩大了汽车零部件业务范围，获得了车锁领域的高端技术和高端客户，初步赢得了国际竞争优势，也为凌云集团进一步获取、支配海外资源，实施新的并购，积累了经验，搭建了平台，对凌云集团的主营业务产生了重大而积极的影响，也为创新发展蓄积了后发优势。

　　2015年9月，凌云股份公司通过凯毅德公司资源和平台，与德国瓦达沙夫公司签署股权收购协议，完成资产交割程序。凌云股份公司成功收购德国瓦达沙夫公司100%的股权工作顺利完成，凌云股份金属零部件产品得以迅速与宝马、奔驰、奥迪、大众等国际高端品牌车型成功合作。这是在全面实施"走出去、引进来"发展战略进程中又一次迈出的具有里程碑意义的重要一步。该公司的产品与凌云汽车金属零部件产品具有相同、相通、相近、相似等特点，且拥有本行业前沿技术。并购后迅速弥补公司在高强度、轻量化等汽车零部件产品科技研发和生产等方面的"短板"，获得关键技术和工艺，进一步提升核心竞争力、国际影响力和品牌形象，使凌云集团在汽车金属零部件研发和生产方面实现跨越式发展。对凌云集团充分利用国内、国际两个市场、两种资源，拓展国际销售渠道，争取国际高端客户资源，建设国际化大公司等具有重大的战略意义。

在凌云集团半个世纪的历史进程中，几代人接续奋斗，始终洋溢着一种蓬勃昂扬的人民兵工精神和力量，这种精神力量，是赤诚的胸怀和钢铁般的意志锤炼出来的一种创业真经，塑造形成了独特的凌云文化；这种精神力量，必将激励他们搏击市场，永不言败，续写辉煌！

（九）地方兵工技术创新的典型——9656厂

9656厂是湖南省小三线的高射机枪厂，位于湘西安化县的山区，生产54式12.7毫米高射机枪。论技术、论生产条件远不及

☆9656厂老厂区一角

部属企业，但是他们勇于向新技术进军，先后研制成功两款新型12.7毫米高射机枪与35毫米榴弹发射器，在小三线企业纷纷撤销建制的潮流中，他们却坚守军品生产阵地，产品大量装备部队，并源源不断出口20多个国家，成为地方军工的一面旗帜。

1971年，通过多次循环试制，首次在世界上利用"气吹式"原理研制了新型12.7毫米高射机枪，这种由9656厂自主研发的77式12.7毫米高射机枪取代了原仿苏式高射机枪，技术领先于世界同类武器，是工厂的一项重大发明和科研成果，也是独属工厂的历史荣耀。1978年1月3日，《解放军报》在第二版发表了题为《新型高射机枪诞生记》的文章，报道了该枪的研制成果。从此工厂被誉为"山沟里飞出的金凤凰"，在全国同行业中有了名气。1982年10月，荣获国家发明二等奖。

1979—1985年，通过6个年头共11个循环的研制，又一代新

12.7毫米高射机枪诞生了。按照总后军械部（1985）械科字122号文的通知，1985年4月15日至24日在四川西昌对216厂和9656厂分别研制的新型12.7毫米高射机枪进行选型试验。参加选型试验的有21个单位，经13个评审小组比较选型、试验观察、理论分析、充分讨论，9656厂的枪结构简单、零件少、外型匀称紧凑，战术技术性能均较先进。通过评选小组各自书面表态，工厂以10∶2的优势选型获胜，并被推荐列装部队。继西昌选型后，于1985年11月16日，国家轻定委转发国务院、中央军委常规军工产品定型委员会《同意两种新12.7毫米高射机枪设计定型》的批复，批准设计定型，并将国营9656厂研制的新型12.7毫米高射机枪命名为1985年式12.7毫米高射机枪，简称85式12.7毫米高射机枪，获湖南省军工工会授予的科研产品二等奖。

1984年，国务院正式成立三线调整改造办公室，负责全国

☆9656厂新厂区公园

三线企业的调整改造工作。工厂被列入"七五"期间调整改造项目，进行"兼并、改造、搬迁"。经报请湖南省国防工办批准同意，工厂选址益阳兼并益阳县红砖厂进行改造搬迁。1985年开始，工厂按照"自力更生，精打细算"的原则开始筹集资金，进行自费搬迁。全厂职工以高度的凝聚力，节衣缩食，团结战斗，历经5年的艰苦卓绝奋斗，自筹资金1400余万元，完成了艰巨的建设、搬迁任务。1990年，工厂全部顺利迁入益阳，一座崭新的企业屹立在风景秀丽的洞庭湖平原。国务院三线调整办鲁大东主任1989年来工厂视察时，欣然题词"艰苦奋斗的榜样"，表彰工厂是全国三线调整搬迁既快又好且省的先进典型。

1990年以来，工厂坚持科技兴厂、改革减负的战略方针，产品实现了从单一向多品种研发生产转变，企业得到了较大的发展。工厂先后自主研发生产了87式/04式35毫米自动榴弹发射器、QLU11式35毫米狙击榴弹发射器、LG系列40毫米自动榴弹发射器、M99式12.7毫米狙击步枪和M98型步兵火力突击系统等10余个型号，处于国内领先和国际先进水平的轻武器产品列装陆军、海军、边防武警等各军种和部队，并在产品上机、上舰、上车等方面取得了较大突破。与此同时，工厂与保利科技公司、北方工业公司、京安进出口公司进行深入而广泛的合作，不断拓展军贸市场。近年来，工厂的85式/.50/M99/JO7舰载等12.7毫米口径系列产品、87式/04式35毫米榴弹发射器、LG2/3/4系列40毫米榴弹发射器、05P/05A/06P车载武器系统、1801民用猎枪等产品出口到了巴基斯坦、孟加拉国、尼日利亚、阿尔及利亚、埃塞俄比亚、卢旺达、塞内加尔、刚果（金）、苏丹、美国等20多个国家和地区，并在苏丹、埃塞俄比亚实施了87式35毫米自动榴弹发射器与85式12.7毫米高射机枪装配生产线技术转让项目。

2005年以来，该厂先后获得省国资委系统文明标兵单位、益阳市党建工作示范点和先进基层党组织等荣誉称号。2008年，该厂产品研发中心荣获"全国工人先锋号"和"全国五一劳动奖状"，并涌现出了全国轻武器专家朱德林和党的十八大代表文力等先进典型人物。

二、典型事件

伟大事业的历史洪流留下的一帧帧经典瞬间，都是人民兵工发展进步的一次次转折、一次次升华。它们全方位展现和记录了人民兵工团结拼搏、众志成城，在支援前线、科研生产、经营管理和重大工程建设等领域取得的辉煌成就，是彪炳千古、名垂青史的"兵工记忆"。

（一）"刘伯承工厂"运动

1947年初，中国人民解放战争进入反攻阶段。刘、邓大军于1947年6月强渡黄河天险，挺进中原，直插大别山，进行外线作战。因此，邯郸中央分局指示，要求军事工业要多生产优质产品供应前方。

晋冀鲁豫军区军工处根据这一形势，号召动员工人加紧生产。特别是刘伯承司令员历来关心敌后建设，鉴于他在人民兵工中的崇高威望，军工处请示了中央分局财政经济委员会，在太行兵工各厂开展了"刘伯承工厂"生产竞赛运动。

运动开始，军工处召开了政治工作会议和工会工作会议，决定以毛泽东主席提出的工业生产要"数量多、质量好、成本低、原料足、销路广"的生产方针为内容，在太行兵工系统开展争创

"刘伯承工厂"生产竞赛。竞赛优胜者授予刘伯承南下时赠送太行兵工亲笔题写的"提高兵工质量，增大歼灭战的实效"一面锦旗，100万元（冀南币）奖金。结合"三查"、忆苦教育，经过广泛发动，在太行兵工厂迅速掀起了争创"刘伯承工厂"生产竞赛高潮。

在运动中，军工处还制定了立功、评比标准及检查办法，保证了这场运动深入持久地发展，对职工鼓舞极大，竞赛自始至终开展得生动活泼、有声有色，工人们为了支援部队多打胜仗，他们响亮地提出"后方多流汗、前方少流血""工房就是战场、机器就是刀枪""人人要立功、立功最光荣"等行动口号。大家不计时间、不计报酬、主动加班加点、忘我劳动，千方百计地改进工具、设备，生产效率成倍增长。兵工二厂生产的82毫米迫击炮弹，运动初的月生产量为13000发，到运动结束时月生产量提高到34000发。运动中涌现出了大批的生产模范和先进工作者，以及许许多多可歌可泣的动人事迹。

开展"刘伯承

☆刘伯承工厂旧址

工厂"生产竞赛运动，从1947年2月开始至1948年4月结束，历时一年多。

1948年4月，军工处组织各厂派代表，对参加"刘伯承工厂"运动竞赛的单位，自上而下地进行了检查总结。4月11日，晋冀鲁豫军区军工处在长治北大街驻地召开"刘伯承工厂"运动总结大会。军工处政治部主任张贻祥、工会主席李鑫德主持会议，会议宣布：根据竞赛条件和检查结果，南石

☆1947年8月1日，刘伯承为兵工厂送的锦旗

槽兵工二厂生产的82迫弹，在产量、数量、成本、技术安全等方面成绩突出，被评为"刘伯承工厂"，经军工处党委批准，授予该厂刘伯承司令员亲笔题写的一面锦旗。1948年5月1日，晋冀鲁豫军区副司令员腾代远到兵工二厂视察，为兵工二厂题写了"刘伯承工厂"厂名。

兵工二厂在创建"刘伯承工厂"立功竞赛运动中，以"产量成倍增长、质量信得过、成本大幅度下降、管理企业化、技术改造成绩显著、政治工作有力"等特点，在19个兵工厂中名居榜首，荣获"刘伯承工厂"称号，并形成了一种具有时代特色的刘

伯承工厂精神，那就是"一切为了前线"，它涵盖了兵工二厂职工"顾全大局、艰苦奋斗、立功争先、一丝不苟、团结友爱"的理想、意志、风格、作风和情操。

"顾全大局"是一切为了前线，舍个人、舍小家、舍眼前利益甚至可献出生命的博大胸怀和崇高的思想境界，是工人阶级世界观、人生观、价值观的生动体现。

"艰苦奋斗"是一切为了前线，工作第一、任务第一、不计时间、不计报酬、不计份内份外、不计艰险，以苦为荣，天大困难脚下踩的大无畏英雄气概和对远大理想信念的执着追求。

☆1947年12月，朱德总司令（前排左4）出席中共中央委员会在西柏坡召开的华北军工工作会议

"立功争先"是一切为了前线，自尊自信、不甘落后，以先进为榜样、以立功为光荣，争当排头、争创一流，多做贡献的无产阶级功利意识和忘我劳动、勇于创新的精神风貌。

"一丝不苟"是一切为了前线，恪尽职守、纪律严明，对事业全身心投入的工作态度，是对党、对人民、对前线战士高度负责的政治责任感和最讲认真的工作作风。

"团结友爱"是一切为了前线，干群之间、师徒之间互尊互爱、互助互学的深情厚谊和甘苦与共、携手同进的高尚情操，体现了工人阶级内部新型的人际关系。

刘伯承工厂运动是解放战争时期规模最大、时间最长、效果最好、影响最深远的一次劳动竞赛运动。这次运动不仅促进了革命根据地军事工业的发展，为夺取解放战争的胜利做出了贡献，而且还创造了"一切为了前线"的刘伯承工厂精神，丰富和发展了老兵工光荣传统，成为人民兵工发展的宝贵精神财富。

（二）写入《鞍钢宪法》的"三华经验"

"三华"是庆华工具厂、建华机械厂和华安机械厂三个兵工厂的简称。所谓"三华经验"，就是由这三个兵工厂创造的"两参一改三结合"（工人参加管理、干部参加劳动、改革不合理的规章制度）的经验，后来因被写入《鞍钢宪法》而名扬海内外。

1957年5月，黑龙江省北安国营庆华工具厂为贯彻中央关于

☆庆华工具厂旧址

干部参加劳动的指示，规定每周各级干部参加半天劳动，起初由打扫环境卫生、修路、参加生产中运料、推铁屑等辅助劳动开始，后来发展到干部参加劳动与解决生产问题相结合，让干部在劳动中帮助班组解决生产中的实际问题。

1957年5月，黑龙江省齐齐哈尔国营建华机械厂在贯彻执行党的八大会议精神中，实行党委领导下的厂长负责制和职工代表大会制度以后，全厂广大干部和群众就如何深入贯彻"八大"提出的"全心全意依靠工人阶级办企业"问题进行探索，四车间的四〇五小组提出了"人人有事干，事事有人管"的口号，实行了把班组日常管理工作分配给工人的新的管理办法，成为"工人参加管理"的雏形。工厂党委及时发现并推广了这一做法。初创时期的工人参加管理，仅限于班组范围的安全、质量、材料、工具、生产统计和经济核算等内容，并没有形成统一的、固定的模式。根据生产对象和管理任务的不同，由群众推选产生了"八大员"，或者一职多员，人人参加管理，并相应地建立了表、卡、账、册等管理形式，以及定期的工作会议和管理制度。形成了班组以"四长"（党小组长、行政班长、工会小组长、团小组长）为核心，以"八大工管员"（生产管理员、质量管理员、材料管理员、设备管理员、工具管理员、安全员、考勤员、经济核算员）为骨干的班组民主管理模式。同年11月，黑龙江省委工作组总结了这一经验，把它概括为"工人参加管理"。

之后，庆华和建华两厂在开展干部参加劳动和工人参加管理活动中，又同时发现了有些企业管理方面的规章制度已不适应需要，于是进行改革。这就进一步形成了"两参一改"的经验。

1958年3月，时任黑龙江省工业部长的陈雷到庆华厂和建华厂蹲点，归纳总结了干部参加劳动、工人参加管理和改革不合理的规章制度的经验后，省委在庆华工具厂召开全省工业领导干部现场会，把工人参加管理、干部参加劳动、改革不合理的规章制度并称"三大经验"推广到全省。会后，以省委名义向中央报告了这一经验，受到了党中央的高度重视。

1958年4月25日，《人民日报》刊登了"两参一改"经验，同时配发了编者按。1958年5月7日，《人民日报》刊登了题为《改革企业管理工作的重大创举》社论，对庆华厂和建华厂的经验又进行了述评，充分肯定两厂的经验是改革企业管理工作的一

☆华安机械厂兵工战士进行紧急生产

个重大创举。

黑龙江省齐齐哈尔国营华安机械厂在1958年3月参加了黑龙江省委召开的"两参一改"经验推广会后，在推行"两参一改"经验中，又对"两参一改"内容进行了扩展和丰富。其主要做法：一是改进党的领导作风；二是调整党的组织形式；三是干部跟班劳动，普遍建立劳动手册、推行种"实验田"制度；四是党员分工联系群众，开展思想政治工作；五是生产班组实行"八有"（生产班组有计划、有检查、有总结、有宣传、有业余办公、有管理、有核算、有竞赛）。同时在业务改革上设立了适合企业特点的新会计科目，简化了日记、表格和科目。然后，华安厂将这些做法于1960年初向黑龙江省委和嫩江地委报告。黑龙江省委将这一做法又融入到庆华厂和建华厂的经验之中，重新对这个三厂创立和推行的"两参一改"经验进行总结，然后依据这三个工厂名称中都带有"华"字，因此就命名"两参一改"经验为"三华经验"。

1960年3月，毛泽东主席把"两参一改"的"三华"经验连同长春第一汽车制造厂创造的"三结合"经验一同纳入《鞍钢宪法》，因此就形成了"两参一改三结合"经验。

"三华"经验是兵器企业在生产实践中创造的经验，对协调企业关系，调动广大职工群众的生产积极性和创造性，完善新型社会主义企业的管理制度提供了新鲜经验，是一项具有重大意义的创举，是企业管理上的一项重大改革和提高，是符合社会主义企业管理原则的，对社会主义建设做出了重大贡献。

1981年6月，党的十一届六中全会通过的《关于建国以来党的若干历史问题的决议》中，也把"两参一改三结合"经验写进了毛泽东思想。

（三）研制"三打武器"

1975年6月，中央军委扩大会议制定了武器装备的发展方针，提出"以常规武器为主，重点发展反坦克武器和防空武器，大力提高和充实陆军装备，积极发展空军和海军装备，抓紧尖端武器的研制和生产"，对常规武器装备的发展提出以打飞机、打坦克、打军舰为重点，以防空武器和反坦克武器为重点，相应发展压制兵器、轻武器和战斗保障装备。遵照中央军委的指示，兵器工业从1966年起，以发展高射武器为主；1969年以后，以发展反坦克武器为主研制新型兵器。

防空武器

1967年6月，赴越参战部队对高射武器提出了近200项意见。五机部立即组织力量，首先对现役高射武器进行改进与改型工

☆1962年，我国生产的第一批舰载武器

作。456厂早在1960年初对12.7毫米高射机枪进行改进，全枪质量由180千克减至80千克，且能分解结合，适合机动作战要求。1970年，地方军工9656厂朱德林等对12.7毫米高射机枪重新设计，采用了导气管式自动原理等新结构，全枪质量减至56千克，射速提高20%，并具有结构新颖、外形美观、工艺性和勤务性能好的特点，成为新一代高射机枪。在越战中屡建奇功的37毫米高射炮，经497厂多次改进，先由单管改为双管，设计了电击发装置，同时控制6门火炮齐发齐射，使火力集中；后设计了机械同步装置，控制一门火炮的两套身管自动机同时输弹，使两套身管发射时基本同步，提高了散布密集度，实现了半自动操作。为了改善中空防空武器性能，1967年8月，以202所为主，与上海纺织机械系统共同研制了新85毫米高炮系统，1973年5月设计定型。这是自行研制的中口径全天候全自动高炮。

舰载武器

中国第一批舰载武器，主要是仿制苏式产品。1962年456厂对仿苏双联25毫米舰炮改进设计，解决了原炮膛外炸壳问题。1964年又开始仿制苏式30毫米舰炮，从1975年开始，工厂对原设计作了修改，解决了设计质量问题，提高了火炮的跟踪精度。

456厂、497厂、713所等单位从1958年起，研制双37毫米舰炮，具有自动、半自动、手动三种功能。1961年，由海军、炮兵、一机部、三机部、冶金工业部有关部门组成130毫米海岸炮和舰炮研制领导小组，任命三机部一所（即现在的202所）李近仁为总设计师，由一所、富拉尔基第一重型机器厂、齐齐哈尔第一机床厂等单位共同研制。从1962年开始，至1965年完成，为海军装备了性能先进的大口径海岸炮。447厂研制的57毫米舰炮，在保卫西海战中立了战功。

反坦克武器

1969年8月，由国务院主持召开的反坦克武器科研生产会议，动员各方面力量加速研制和发展反坦克武器。与会人员集思广益，拟定了多种打坦克的技术方案：有地面的，也有空投的；有近战的，也有远射的；有改型的，也有新研制的。其中30种列入装备体制，需要新研制的有16种。会后，由五机部牵头，炮兵、装甲兵、第十一研究院共同组成"823"会战指挥部，由五机部副部长陈锐霆任总指挥，统筹安排，组织实施。这次科研会战，为中国人民解放军装备较多的85毫米加农炮和坦克炮，研制成功新式破甲弹，使上万

☆69式40毫米反坦克火箭筒

门火炮获得新生。研制成功新型105毫米无坐力炮和100毫米滑膛反坦克炮，填补了师团两级反坦克炮序列。连同40毫米反坦克火箭筒和火箭弹，经过多次改进，从老40型到新40型，射程提高2倍，破甲深度提高10%～40%。五机部组织41个工厂，突击生产40毫米火箭弹，当年就生产200万发。反坦克单兵火箭弹、空投反坦克子母弹以及全塑反坦克地雷、火箭布雷车等的研制成功，充实了反坦克武器的装备序列。

（四）出口最多的中国坦克——69－Ⅱ中型坦克

1981年5月，北方公司签订了一项坦克车辆的出口合同，其中包括2860辆69－Ⅱ中型坦克和286辆抢救牵引车，三年时间完成。这是兵器工业坦克车辆历史上出口数量最多的一单合同，也是风险极大、困难极大的合同之一。

困难之一：数量太大，三年3000辆，相当于年产1000辆，远远超过了坦克厂与发动机厂设计的生产能力。

困难之二：品种很多，除了69－Ⅱ、69－ⅡA战斗坦克以外，还有69－ⅡB、69－ⅡC、69－ⅡC1指挥坦克等多型型号。

困难之三：改进项目很多，技术难度大。即使在分批交付的过程中，改进项目还在不断加码。综合起来，在十几个方面有重大改进，改进项目多达百余项。其中最大的技术改动是将100毫米滑膛炮换成100毫米线膛坦克炮和激光测距与瞄准合一的测距瞄准镜。

面对着改革开放以来风险如此大的合同，接还是不接，五机部党组进行了认真的研究，最后决定：为了国家荣誉，为了国防建设，也为了兵器工业自身的发展，决心迎着困难上，倾全部之力，拿下这个大合同。

首战开门红

69-Ⅱ出口合同的第一个战役，就是签订合同的当年首批交付100辆，完成时间仅仅240天，既要完成包括换装坦克炮、换装自动装表简易火控系统等在内的12项重大

☆我国自主研发的69-Ⅱ中型坦克

技术改进，又要生产100辆。设计工作量非常大，技术难度也不小，这对兵器工业坦克科技队伍来讲是一次很大的考验。此外，还要进行生产线的调整、工艺准备、工装制造、试制试验与发运，这不仅对生产工厂而且对坦克工业的组织管理能力和出口业务的运作能力也是严峻的挑战。

这首批100辆虽然只占整个合同的1/30，但关系重大，决定着这项合同的命运。因此，只能成功，不能失败。

合同签订之后，五机部高度重视，张珍部长亲自挂帅，坦克局王本林局长牵头，机关各局同心协力，决心打响坦克出口第一炮。

合同草签后的第9天，就召开了专题会议部署出口任务。任命聂玉峰为总设计师，建立了质量保证体系。为了把好出口产品质量关，五机部与总参装甲兵联合下达了《关于外贸坦克装甲车辆实行军检的通知》，聘请军代表负责产品检验。5月下旬，张珍部长和王本林局长以及内蒙国防工办苏主任下厂检查。

国务院国防工办对该项合同给予了很大支持，5月27日就召开会议，协调落实协作配套问题。为了扩大生产能力，保证该合同如期履约，五机部还将零部件进行了扩散生产。

承担任务的所有单位，无论总装厂、配套厂，都把此项任务当作头等大事来抓。全力以赴，精心组织，克服种种困难，千方百计地完成任务。

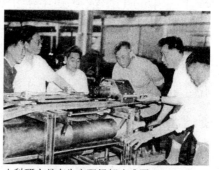

☆科研人员在生产现场解决难题

总装厂任务最艰巨，他们集中技术力量，采用现代化管理方法，实施设计改进、工装制造和批量生产交叉作业，强调总体设计必须一次成功。李立青厂长、刘作会总工程师亲临第一线，组织攻关与协调。

在各协作配套单位的共同努力下，终于在1981年12月19日按时完成了首批交付，实现了首战必胜的目标，迈出了可喜的第一步。

为月产100辆而战

为了完成这项史无前例的大合同，坦克厂提出了"创坦克设计高水平""创工艺准备高速度高质量"的战斗口号，开展了工艺技术准备大会战。在试制和生产阶段，采用计划网络管理技术，层层落实任务。全厂成立了现场指挥部，建立了总师会、调度会、技术系统例会等一系列的会议制度，保证指挥昼夜不断线。职工实行"大倒班，连轴转"加班加点抢时间，保进度。先后成立了49个技术攻关小组，解决了大量的技术难题。为了制定指挥坦克通信频率表，攻关组打破常规，仅用不到半年时间，完成了三年的工作量。一年半里69-Ⅱ系列6种车型的改进设计、生产线的扩能改造和工艺工装的准备全部按时完成。

承担配套任务的火炮厂、发动机厂、火控厂等所有协作单位，也都把该项出口当成头等大事，全力以赴，克服困难，绝不拖总装厂后腿。有的甚至调整原来的生产计划，宁可牺牲产值，也得保证外贸任务的完成。航空液压件厂，承接了69-Ⅱ项目新的液压部件的生产任务，拿到图纸后立即组织试制，总工程师连续两天两夜在试制车间指挥技术攻关，三个月就拿出了合格产品，全面完成了配套任务。

在原来的炮长瞄准镜位置上直接安装激光测测瞄准镜，这在苏联T系列坦克上是史无前例的，任务十分艰巨。五机部五局立即组织会战，为了保险起见，1983年组织了两套班子，各自独立研制，择优录用。两组工厂与研究所全力奋战，夜以继日，两家都达到了设计要求。最后决定以其中的一个方案为基础再次优化改进，1984年8月完成了设计定型。不但满足了69-ⅡA的出口需要，提高了坦克火控系统的性能，而且为我国大量现役坦克的改造提供了先进实用的测瞄镜。

在各方面的共同努力下，终于如期完成了这个坦克出口的最大合同，满载中国制造坦克的巨轮，沿着郑和下西洋的海上丝绸之路，源源不断地驶向西方。创造了坦克工业历史上研制周期短、定型快、投产快的历史新纪录。既为国家争得了荣誉，为兵器工业争得了信誉，同时创造了可观的经济效益。

第一个特等奖

2011年是69-Ⅱ外贸合同签约30周年，由于保密的原因，30年来兵器工业战线的多数人并不知道这一重大事件，唯有曾经为其奋斗过的人们永远难忘那热火朝天、惊心动魄的历史画面。但是，历史不会忘记，祖国也没有忘记。在纪念人民兵工创建80周年活动中，这一重大历史事件名列于《人民兵工创建80年80件事》之39项，载入了共和国兵工史册。

3000辆坦克车辆出口，在国际军火市场上引起了很大反响，证明了中国国防工业的实力，提高了北方公司在国际上的信誉，这告诉人们，中国的坦克工业，是一支不可小视的制造能力，能够在世界军火市场上有所作为。

这个合同的顺利完成，等于是一次军工动员的实战演练，它考验了中国兵工平战转换的应变能力。

☆69-ⅡA坦克首获国家科技进步特等奖

在国内军品订货大幅度下降的那个年代，兵器工业处于"保军转民"的困难时期，由于这个合同，中国的坦克工业不但没有萎缩，反而大大地扩大了生产能力，提高了技术水平，这是人们梦寐以求的"动态保军"。这个合同的实践证明，这是和平时期发展国防事业最经济、最有效的道路之一。

这份风险极大的出口合同的完成，考验与锻炼了中国兵工队伍，检验了中国兵器工业组织领导与管理能力。这是中国兵工向祖国交上的一份合格的答卷，历史证明，用人民兵工精神武装起来的中国兵工，是一支攻无不克、战无不胜、特别能战斗的队伍。

鉴于69-Ⅱ出口的辉煌业绩，1986年，国家授予69-Ⅱ外贸坦克国家科技进步奖的最高奖——特等奖，这是兵器行业第一个国家级的科技进步特等奖。如此崇高的荣誉，69-Ⅱ主战坦克当之无愧。光荣属于为它奉献了血汗和智慧的中国兵工，属于支持69-Ⅱ出口的所有单位和人们。

（五）美名远扬的红箭—8反坦克导弹

当今有一款中国制造的反坦克导弹活跃在世界军火市场，它已经装备除了北美与大洋洲以外的20个国家。在非洲，红箭—8装上了小羚羊直升机，靶试中创造了8发8中的佳绩。在南美，红箭—8打空中的气球，传为佳话。在欧洲参加局部战争，取得了毁伤多辆坦克的战绩，人称是"绿洲保护神"。在中东的一次局部战争中，红箭—8一发就把碉堡摧毁，被誉为"沙漠明星"。1995年3月，在阿布扎比国际防务展上，红箭—8参加了实弹打靶表演，三发三中，海湾地区国家联合报头版报道，称红箭—8为"海湾之星"。

☆车载红箭—8反坦克导弹

　　红箭—8是贯彻独立自主、自力更生方针，自行设计，自行研制定型，原材料、元器件全部立足国内的第一枚二代反坦克导弹，是完全具有自主知识产权的第一款中国造的红外半自动导引反坦克导弹，是第一个既装备炮兵、又装备装甲兵和陆军航空兵的反坦克导弹，是开创高新技术出口先河，在境外建设了生产线的反坦克导弹。它也是中国出口国家最多、数量最大的导弹，同时它是世界上为数不多的最庞大的反坦克导弹家族之一。

　　1969年3月发生的珍宝岛事件，是红箭—8的催生素，"8·23"反坦克武器科研生产指挥部于当年年底下达了研制第二代红外半自动反坦克导弹的启动令。经过近40年的发展，如今已形成了一个庞大的反坦克导弹家族，产品林林总总，目不暇接。

　　如今红箭—8的发射平台既有便携的，也有吉普车载、轮式战车车载、履带式车载和武装直升机机载的，实现了地面发射、车上发射与空中上发射全覆盖。

　　发射与制导系统与时俱进、不断更新，除有红外测角制导、模拟式控制箱的红箭—8A外，红箭—8E的控制箱实现了数字化，体积大为缩小。为了提高抗干扰性能，又发展了电视测角制导的红箭—8L，发射架结构简化，质量大为减轻，仅为22.5千克，是红箭—8A的35%，现在可以实施卧姿发射，成为世界上相同射程的反坦克导弹中最轻便的步兵携行的二代反坦克导弹之一。增配了红外热像仪的红箭—8，实现了全天候作战。

导弹品种也发展了许多，从红箭—8A、8C、8D、8E……到8S，导弹性能大幅度提高，射程从3000米提高到了4000米，战斗部破甲威力从180毫米/68度，提高到280毫米/68度。串联战斗部可以有效地对付披挂了反应装甲的各种坦克装甲。除了反

☆我国自主研发的红箭—8反坦克导弹

坦克外，其攻坚弹能有效穿透700毫米厚的钢筋水泥墙，穿甲爆破战斗部可以在穿透5层间隙靶板后实施爆炸，能攻击战船。此外，还配备了燃料空气炸药战斗部，用于杀伤地面、战壕和掩蔽物后面的生动力量。

红箭—8还与30毫米机关炮组成了对空对地两用的炮塔，既可以打击地面的装甲车辆，又可以攻击直升机等低空目标。

张爱萍副总理为红箭—8题写了"无坚不摧"四个赫赫大字，这是党和国家对红箭—8的最高奖赏。红箭—8以其骄人的战绩获得了数十项科技进步奖。红箭—8武器系统荣获国家科技进步特等奖，机载系统获国家科技进步二等奖，ZDF发射车获国家科技进步三等奖……轮式运载发射车光荣参加了1984年35周年国庆阅兵，携带红箭—8导弹的直九武装直升机于国庆50周年阅兵

时飞过了天安门。第一任总设计师王兴治同志光荣当选中国工程院院士，总设计师何平伟荣获兵器工业功勋奖。

在红箭—8骄人业绩的背后有许多不为人知的故事。

尽管这支研制队伍有了成功研制第一代反坦克导弹J—201的基础，但是红箭—8导弹起步时的条件仍然是很差的。

首先，它上马在"文化大革命"的高潮时期，这个刚从部队转业的203所，坚决执行中央军委的紧急战备搬迁命令，以军事化的速度，在很短的时间内从沈阳搬到了千里之外的西安三桥，发现地方太小，容不下偌大的研究所，第二年又搬到长安县的南山脚下。两次搬迁不但耗费了大量人力、物力、财力，流失了不少技术骨干，而且使原本十分简陋的科研条件更加简陋，老实验室来不及恢复，试验靶场还没有找到地儿……而更严重的挑战还是技术方面的。因为第二代与第一代导弹的制导原理完全不同，J—201是目测制导，靠射手人为地将导弹导向目标。而红箭—8导弹则是半自动导引，射手只负责将瞄准镜对准目标，导弹就会自动向目标飞去。正是由于制导原理的巨大差异，红箭—8导弹从部件到结构、从外观到内涵都发生了脱胎换骨的变化。白光瞄准镜要换成红外测角仪，曳光管要换成红外辐射器，包装箱变成了包装兼发射筒，拉索陀螺要换成燃气陀螺，电磁式舵机要换成燃气舵机，蓄电池要换成热电池……全部是过去没有涉足过的高新技术，都不能从J—201借用，一切都得从头来，可是，当时他们既没有预研的基础，也没有样品可供参照，技术从何而来？

党中央对红箭—8导弹十分重视，为了准备对付苏联可能的侵犯，外贸部与五机部于1975年就联合向中央提交了关于引进霍特导弹的报告，并得到了政治局的批准。1975年10月26日，邓小平同志在转呈毛主席与政治局的报告上批示道："我们都想引进"。在中央领导的关怀下，我国派出了于一副部长带领的高级代表团赴法国进行了长时间的周密考察与广泛交流，并组织了霍特导弹来华表演。但由于法方要价太高，引进之后原材料、元器件对国外的依赖性过大，而且法方还不保证在中国制造的质量，因此引进没有成功。

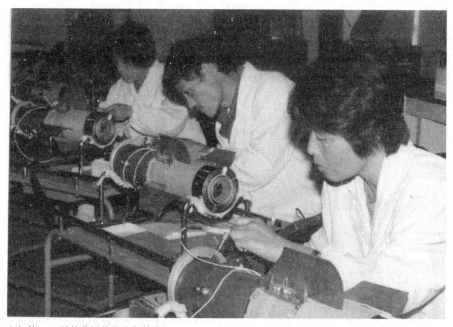

☆红箭—8A无装药运载器电气检查

引进流产，激发了科研人员自力更生研制红箭—8的热情。他们从制导原理、总体方案到零部件设计，完全靠自己摸索，举步为艰，难度之大，非亲历者难以想象。比如，开始时导弹发射后进不了红外测角仪的视场，无法实现控制，红外辐射器的能量不足，红外信号不正常，陀螺仪抗过载能力不够，导弹无回输信号，低温射程达不到指标要求，等等，一道又一道难题摆在年轻的科技人员面前。

承担红箭—8研制任务的203所、205所以及282厂、5618厂等齐心协力，在两任总设计师王兴治院士与赵家铮的带领下，大力弘扬人民兵工精神，克服"文革"的干扰，不畏艰险，勇往直前，越过了一道道艰难险阻，攻克了一个个技术难关。这里简单介绍一下最头痛的导线断线问题。有线制导的导弹就是靠导线传输指令实施控制的，导线就是它的生命线。解决断线的技术难题几乎贯穿于导弹研制的全过程，为此科技人员真是绞尽脑汁，煞费苦心。人们设计了模拟放线试验装置，研究导线的运动规律、导线的外部环境、受力状况等，分析断线原因，采取针对性措施，在导线包复材料、导线结构、粘接剂配方等方面多参数进行优选，无数次尝试、无数次失败，经过十多年的努力，终于制服了这个拦路虎，保证了导弹系统90%可靠度的要求。

为了强化该重点项目的管理，建立了总设计师和行政指挥两大系统，在兵科院专门成立了项目管理机构"302办公室"，薛耀伦副部长亲自挂帅担任行政总指挥，不辞辛劳奔波于科研第一线。"302办公室"是兵科院历史上第一个为单一型号管理而设立的专业处，在组织项目的规划计划、协作配套、技术协调方面进行了卓有成效的工作，为大型项目的管理积累了宝贵的经验。为了缩短研制周期与转产周期，五机部在该项目实行了技术有偿转让的试点，密切了研究所与工厂、科研与生产的关系，对该导弹的顺利成功起到了积极的作用。

为了攻克技术难关，两任总设计师王兴治院士和赵家铮，呕心沥血、功勋卓著。他们带领研究团队，刻苦钻研，用缜密的科学方法、严谨的工作作风，一个问题一个问题地加以解决，一步一个脚印地稳步前进。1984年底完成了设计定型试验，1988年2月国家批准设计定型，命名为AFT08型反坦克导弹武器系统。

红箭—8导弹之所以有今天的辉煌，外贸功不可没。

20世纪80年代是兵器行业最困难的时期，国内军品订货跌到了谷底。红箭—8导弹虽然定型了，但国内订货很少，很难支撑一条导弹生产线的正常运营。出路在哪里？只有外贸一条。红箭—8设计定型后，总设计师赵家铮转战到外贸战线任北方公司副总经理，北方公司将其列为外贸推销的重点。1987年就签订了第一单红箭—8导弹的出口合同。接着，1988年又签订了技术转让合同，帮助B国建设一条红箭—8导弹生产线。致使中国刚刚建成的红箭—8生产线能够满负荷生产。红箭—8的技术转让是兵器工业历史上第一个高新技术出口项目，具有里程碑的重大意义。

　　技术转让合同，看起来似乎轻而易举，其实过程颇为艰难。这个国家已经装备了美国的陶式导弹，要想说服该国的主"陶"派，光靠宣传是不够的，必须闯过与"陶"式导弹对比试验这一关。经过精心准备，在与"陶"式导弹的PK中，红箭—8获得了5发5中的骄人战绩，而"陶"式只5发中3。在场的中国人激动得热泪盈眶，振臂高呼，我们成功了！

　　1996年升级版的红箭—8C/E又来到这个国家表演，圆满成功，获得了参观者的一致好评。陆军参谋长说："谁还说红箭—8不行？"赵家铮副总也参加了这次表演试验，没有想到，这竟然是他最后一次访问这个国家，在该国查出了颌面癌。如日中天的赵总，犹如晴天霹雳。虽经多次手术，但仍无力回天。1999年1月24日，癌症终于夺走了他的生命，享年仅66岁，中国第一代反坦克导弹的副总设计师与红箭—8的总设计师，为中国的反坦克导弹的发展呕心沥血30多年，不幸过早地离开了我们。

　　赵总走了，今天我们回顾赵总为红箭—8开辟的这条道路，那是一条成功的金光大道。用出口弥补国内需求的不足，大力支持国内军工生产。用国际市场的需求强力牵引着红箭—8技术不断进步升级，使红箭—8跟上了时代前进的步伐，其中不乏许多成功的案例。国外提出射程不达4000米免谈，于是研制成功了射程4000米的红箭—8。国外要求反坦克导弹打舰船，促成了红箭—8S反舰战斗部的诞生。国外要求减轻发射架的质量，在王兴治院士的主持下成就了今天的轻型红箭—8L。

回顾半个世纪来中国反坦克导弹事业所走过的道路，从无到有，由近及远，由少到多，由国内到国外，我们完全依靠自己的力量，独立自主地发展了一个反坦克导弹的大家族，跻身于世界先进行列。中国兵工用辛劳与智慧谱写了一曲威武雄壮的红箭之歌，这是自力更生、发愤图强、实现民族复兴中国梦的凯歌，是艰苦奋斗无私奉献老兵工精神的赞歌，是不断进取永不停息科学发展观的颂歌。

（六）火炸药领域里的三项顶级大奖

火炸药是武器特别是常规武器最主要的能源，它的性能决定着武器的射程、威力、机动性与安全性。而火药装药科学所研究的理论和技术，就是要提高武器的能量利用率、发射威力、发射安全性、武器机动性，在当今国际上获得了迅速发展。

王泽山院士一直辛勤耕耘在这个领域，取得了累累硕果，荣获了三项顶级大奖，创造了兵器工业历史上的"三冠王"。

退役废弃火炸药的再利用技术

一切弹药都是有一定储存期限的，少则七八年，多则20年，过期的弹药就要报废，不得再用于武器射击。如何处理这些废旧弹药是个世界性的课题，好些国家采取的是销毁法，一毁了之，销毁弹药一是危险，二是污染环境，三是需要不菲的成本，四是大量弹药化为灰烬也实在可惜。1986—1990年期间，王泽山教授带领团队，专攻退役火炸药再利用的理论和将其资源化的技术，终于获得成功。他们提出了将废弃的含能材料转化为军、民用产品的技术与途径，使本需花费大量人力和财力处理的废弃火炸药分别转化为多种应用产品，变废为宝，减少了公害，为火炸药的生产、使用、储备、处理达到良性循环提供了技术途径。获1993年国家科技进步一等奖。

低温感和提高能量利用率的发射药技术

火炮发射药的低温感技术是世界军事技术研究和发展的前沿技术，也是当代军械大国重要的研究内容。1986年三代坦克总师祝榆生找到王泽山，提出了一个课题——"减少常低温下坦克炮初速差的装药研究"，这就是所谓的低温感技术，也称零梯度发射药技术，目标是使高低常温下火炮的初速十分接近，这不仅简化了内弹道设计，而且有效地提高了穿甲弹的威力。王泽山教授从零开始，先在密闭爆发器上探索，再在100毫米滑膛炮上放大试验，最后在105毫米坦克炮上完成了定型，取得了令世人瞩目的成果。军方的评价是：该装药使105毫米坦克炮穿甲弹的威力超过了各国现装备的同口径武器水平，也超出美、法等国正在研制的水平。该装药技术能够提高武器发生威力15%以上，对各类火炮均具有适应性，尤其在改进现役装备方面，在不改变火炮结构的前提下，投资小，见效快，可以从整体水平上提高我军实力。该项目荣获1996年度国家科技发明一等奖。这是兵器工业历史上唯一的一个一等发明奖。该项技术已经在三代坦克的改进型上获得应用。

中国兵工学会编著的《2012—2013兵器科学技术学科发展报告》中报道称："我国在发射药装药研究方面取得了较大进展，其中低温感装药技术已经在不同武器上装备应用，大幅度提高了武器装备的性能水平，处于国际领先。"

远射程与模块发射装药

远射程与模块发射装药是火炮实现"高效毁伤、精确打击、快速反应、火力压制"的关键技术，是火炮系统现代化重要的发展方向。王教授创建了发射装药理论新体系，"最大膛压低、作功能力高的弹道"，发明了"远射程""低过载"等系列发射装药，突破了国际装药领域重大技术瓶颈，大幅度提升了远程火力打击能力；还攻克了"初速与过载""焰、烟、毒气危害"等技术瓶颈，发明了高初速、低过载发射装药，解决精确制导弹药发射的技术关键，推进了身管武器的持续发展。远射程与模块发射装药是国际该领域核心方向的重大原创性成果。

王泽山院士的最新技术发明成果已经获得2015年度唯一的一个国防技术发明特等奖。2016年推荐申报国家技术发明奖一等奖，已于10月20日通过国家科学技术奖励委员会最终审定，又一个一等发明奖即将诞生。

王泽山院士系统地发展了火药装药理论，由他建立的理论和创造的技术已成为现代装药学的重要组成部分；他提出并组建的我国装药系统工程，使我国火药装药学科得到了长足的发展；他在装药领域所从事的工作与研究，发展了联系火炮、弹丸、火药及弹道学等多学科的火药装药学科，并确立了该学科在我国兵器领域乃至世界上的重要地位。

（七）跃居世界前列的三代坦克

三代坦克（代号一二三工程），是"九五"期间，国家武器装备科研四大重点之一。1984年初上马，2000年12月设计定型，命名为ZTZ99式主战坦克，1999年国庆50周年阅兵第一次亮相，2008年国际权威的防务杂志《简氏防务周刊》将它与豹Ⅱ、M1A2等同列为世界十大坦克排行榜。中国的坦克第一次进入了世界坦克的第一方阵。央视评论称，99式坦克是能够与世界一流坦克抗衡的一款中国坦克。

跨世纪的一大步

三代坦克出世之前，我国装备的59式、69式、79式坦克都是一代坦克水平，与世界上先进国家主战坦克相差了两代。

当时我们的发动机最大功率730马力，是美国的一半。我们最好的火炮是引进的105毫米坦克炮，属于国外的第二代坦克炮，比不上西方的120与俄罗斯的125；火控系统还处在光电注入、自动装表的初级阶段，只能在静止间对活动目标射击。装甲防护，主要还是基体装甲加一些简单的栅栏和裙板。

如今的三代坦克的火力火控系统在世界上是一流的，坦克炮与三种弹、猎–歼式稳像火控系统、智能化的自动弹机系统的性能都超过了苏联的同类坦克。自动装弹机装填速度每分钟6～8发，高于西方的人工装填。三代坦克的激光压制观瞄系统、激光敌我识别装置、激光辅助通信系统、烟幕系统等光电对抗新技术的应用，使三代坦克在信息化战争条件下，能先敌发现目标、先敌开火，占据主动权。

　　三代坦克与德国"豹"Ⅱ发动机相比，除马力小外，其他技术指标，如单位体积功率、单位功率质量以及燃油消耗率等全都占优。机动性与美、德、俄等国家的先进坦克相当。

　　三代坦克建立了全方位、立体式、分层次的防护体系，广泛应用了模块化组合复合装甲、可披挂的主(被)动反应装甲和物理间隙装甲，抗弹性能不低于世界上其他国家，加之车型低矮，正面投影面积比美国的小30％，中弹概率大幅降低。因此，三代坦

☆1999年，617厂举行三代坦克交装仪式

克的防护性能也是一流的。

我国的三代坦克跨出了世纪性的一大步，跃上了两级大台阶，一举跻身于世界先进坦克行列，具有里程碑的意义。

三代坦克为什么能够在短短的17年里完成如此巨大一跳呢？

党中央的高度重视与关怀

三代坦克的研制一直得到党和国家的高度重视，"九五"时期，是四项国家重点国防科研项目之一，不但安排了足够的研制费，而且安排了相当大的一笔与之配套的技改项目，即"三零工程"。在研制过程中，不断地得到党和国家领导人的关怀与鼓励。1991年7月5日当第一台动态模拟试验车下线时，刘华清副主席亲自到包头为实验车剪彩，看到穿甲弹射击威力很大时，刘副主席高兴地说："盖帽儿了！"给大家很大鼓舞。当年9月10日

☆我国自主研发的第三代主战坦克

这台动态模拟试验车和新技术改装车又参加了北京军区给中央领导的汇报表演。江泽民、杨尚昆、李鹏等都对三代坦克的性能与进展予以肯定和赞扬。国庆50周年阅兵时，国家又批准尚未设计定型的三代坦克参加检阅，这对三代坦克的进展无疑又是一大促进。为此，曹刚川副主席下工厂检查进度，傅全有总长亲自参加阅兵车的交接仪式。没有党中央、国务院与中央军委无微不至的关怀，没有国家机关各部门的正确领导与支持，就没有三代坦克的奇迹。

系统取胜思想的胜利

面对三代坦克起步时技术上与世界先进水平的巨大差距，怎样才能实现军委下达的任务，"利用有限的资金、以自主研制为主，研制出在2000年能与世界先进坦克相抗衡的三代坦克？"以祝榆生总设计师为首的团队，深感历史重任在肩,经过深思熟虑，提出了"系统取胜"的战略和一整套战术。何谓系统取胜？简言之，就是通过子系统的优化组合，部件与部件、分系统与分系统间的功能匹配与补偿，以达到总体性能最佳。通过网络协调等技术的实施，达到研制周期最短、效益最大。这一指导思想，贯穿于三代坦克研制的全过程，贯穿于整个系统的上上下下，成为以弱制强、赶超世界坦克行进水平的重要法宝。

高综合制胜。三代坦克把兵器工业系统内外、国内国外、多学科的技术与资源进行合理的集成与优化组合，使系统实现大跨度、高层次、多功能、高效率的高度综合，以达到系统整体功能较优的目的。三代坦克在总体的构建上，就是要综合俄罗斯与欧美国家坦克各自的优点，避免他们的缺点，发扬我们的长处，规避我们的短板，形成具有中国特色、符合国情的坦克总体。

在坦克炮的选择上，综合分析了西方的120、国产的120与俄罗斯的125三种坦克炮的优缺点，优选出发展余地最大的125毫米坦克炮，并利用我国的研究成果，对该炮进行了脱胎换骨的改造，除了保留原来的内膛结构外，从炮钢材料、身管自紧、内膛镀铬到身管热护套全是我国自己的技术，还增加了身管前抽功能，提高了战场维修能力。此外，所配的穿甲弹、破甲弹与榴弹全都是自己研制，性能都是世界一流，远远超过俄罗斯的125坦克炮原来的同类弹种。装甲兵的指战员自豪地称，我们的125炮没有比的！这就是祝榆生总设计师"单项突破、重点超越"战术的成功战例。

我国坦克的传动技术本来是比较落后的，但是，三代坦克把西方带闭锁离合器的液力变矩器技术、东方的行星式机械传动技术、航天航空的弹性连轴器和液压泵技术、机电部的锥齿轮传动技术等高度地融合优化，形成了中国特色的分置式机械液力传动系统，满足了总体的要求。三代坦克的成功也是全国各行各业大力支援的结果。

自主创新制胜。三代坦克在几大系统之外，专门成立了新技术专项组，在兵器科研的历史上史无前例，安排的新技术项目之多也是史无前例。其中包括：超近反导、导弹干扰器、压制观瞄系统、快速干扰激光测瞄系统、激光辅助通信、激光敌我识别、热像干扰系统、多功能烟幕系统等，这些新技术有好多当时国外还没见报道，其中多数项目都不是使用部门提出的战技指标，而是总师组根据系统取胜的指导思想，从实战出发，自行安排的。这些新技术绝大多数都在三代坦克上成功应用，获得了多项发明专利，物理响应式复合装甲、主动式组合装甲获得国家发明二等奖。不但为三代坦克赶超世界水平立下了汗马功劳，也为中国战车的发展提供了强有力的支撑。

压制观瞄这项新技术的概念就是祝榆生总师首先提出的，至今在世界上也是领先的。他指出在作战中，观察是第一要素，看不到目标，什么也干不成。我们的任务就是能够超前发现敌人，并摧毁它的观瞄系统，使其致盲，这种软杀伤，无需开炮，就足以使其失去战斗力。这是三代坦克克敌制胜的又一件法宝。这一技术不仅仅可以对付敌人的坦克、战车和地面反坦克武器，而且可以用于对付坦克的天敌——武装直升机。具有广阔的应用前景。

根据祝总师的提议，在三代坦克上进行了榴弹打坦克的论证性试验，取得了意想不到的成果，证明运用杀伤爆破弹反坦克系统，在运动中攻击具有各种装甲防护的运动坦克，是有效的、可行的。这是对传统的反坦克观念的又一种突破。

发动机的进排气系统，在三代坦克中是个子系统的子系统，但对于发动机性能影响很大。在总师组大力倡导自主创新思想的指导下，该子系统实施了一系列的理论创新与技术创新，在国内乃至国际上都具有一定影响。他们提出了滤清效率不是越高越好，而是只要满足发动机正常运转就行，此观点得到了国际认可。他们发现小颗粒粉尘对发动机寿命影响很小，根据此认识，首创了评定滤清效率的新方法，为国内国外所采用。他们提出了抽尘泵转速应该跟随发动机转速变化而变化的概念，并创立了抽尘计算的新方法。他们还提出用纸滤芯取代铁丝网滤芯的建议，在国内也已得到应用。

两步走的策略，边投资边回收的创举。三代坦克这跨世纪的一跳，目标高远，难以一蹴而就，接受以往的经验教训，三代坦克从实际出发，实施了两步走的战略：首先以实现下达的战技指标为目标，作为第一步，在1991年动态模拟试验车上基本得以实现。继而一鼓作气，以实现军委要求的2000年能与世界先进坦克抗衡作为第二步目标，终于在2000年前完成了设计定型。这种脚踏实地、循序渐进的部署，看似慢了，实际上是快了，在短短的17年内扎实地跨了两大步，创造了中国坦克史上少有的奇迹。

三代坦克两步走的策略，不但加快了研制步伐，缩短了研制周期，还为"边投资，边回收"方针的实施提供了良好的基础，这也是三代坦克不同于其他科研项目的一大亮点。在取得了第一步的成果后，不失时机地将这些成果转移到外贸坦克上，先后支持了85-ⅡAP与90-Ⅱ坦克成功出口，以后又转移到国内装备的96式坦克上，因此在三代坦克定型之前，就已经创造了数十亿元的产值和可观的效益，这在科研历史上堪称创举。这效益不仅仅是经济方面的，在技术上，由于上述坦克在应用这些技术的过程中，使技术不断完善，不断提高，反过来又促进了三代坦克技术的成熟。在精神上，在科研过程中，由于外贸的成功，大大提高了各参研单位和人员的成就感和积极性，从而加速了三代坦克的研制进度。

三代坦克成功的重大意义

三代坦克副总师王哲荣院士指出，一个项目如果具有里程碑意义，必须具备三个条件：一是必须是自主研发，具有自主知识产权；二是必须具有世界先进水平；三是能够带动一个领域或行业的技术进步。三代坦克就是中国坦克发展史上这样一个具有里程碑意义的项目。它造就了一代具有世界水平的新坦克，实现了赶超的任务；随着它的成功，出了成果、出了人才，出了硬件、出了软件。建成了坦克研究开发中心和现代化的生产基地，培养造就了一支宝贵的科技队伍与大批技术人才。其次，它为主战坦克发展构筑了一个高起点的平台，为主战坦克的发展提供了足够的空间。它引领了一个庞大的新技术群的开发，为各种战斗车辆的发展提供了强大的技术支撑，推动了兵器行业众多技术领域的技术进步。

（八）外贸155火炮的中国传奇

一个在国际军火市场上名不见经传的牵引式GC45—155加榴

炮，引进之后的30年间，一举成为中国北方公司出口的支柱，成功出口科威特、沙特阿拉伯、阿尔及利亚、埃塞俄比亚、缅甸等多个国家。PLZ45—155毫米自行炮武器系统荣获了国家科技进步一等奖和兵器工业重大成果奖。155毫米火炮从进口到出口打开了155毫米火炮家族大发展的大门，创造了中国火炮史上前所未有的辉煌。

兵器部自掏腰包引进155

加拿大籍的火炮专家布尔博士大胆设计出了45倍口径的GC—45型155毫米火炮和世界上一流的远程全膛底排弹，令人耳目一新。1981年7月，布尔博士来到中国推销GC—45型火炮，其特点是：弹道性能优越，加农炮与榴弹炮的性能兼而有之，火力机动性好。炮管很长，但转弯半径不大，可做到车炮同辙。重而不笨，液压操作系统使炮手劳动强度大大减轻。加上自走装置，炮重虽然重达12.5吨，但在阵地上却可以像驾驶汽车一样，运动自如。布尔发明的底部排气弹技术，最大射程提高到了39千米，增程30%。

除了看中上述武器性能方面的优点外，兵器部还有以下几点考虑：第一，GC-45是布尔博士打破西方国家对我国军事技术封锁，第一批向我国开放的西方火炮技术。布尔还承诺，将派出30名西方著名的火炮弹药专家来华传授西方火炮的设计理论和方法。第二，报价较低。第三，通过技术引进可以引进西方先进的制造技术，提高中国的火炮生产技术水平。

青出于蓝而胜于蓝

由于该产品未经大批量生产考验，技术不够成熟，尤其是布尔首创的枣核弹，许多技术问题布尔本人尚未完全解决。因此，兵器部为此次引进工作确立了"以我为主，不等不靠；科研为主，仿制为辅"的指导方针。既把引进当成学习的机会，也把它作为科研工作的新起点。155毫米火炮国产化的过程就是一个边学习、边消化、边研究，边改进、边建生产线、边试制的再开发、再创新的过程。

实践证明，"以我为主、科研为主"的方针，大大调动了中国工程技术人员的积极性，给他们创造了发挥聪明才智的机会，

☆PLZ45-155自行炮系统

他们用多年积累的丰富经验，纠正了原图中的很多错误，解决了原来设计中没有解决的难题，做到了青出于蓝而胜于蓝，使整个系统产品国产化后的性能大大超过了布尔的原设计水平。

国产化过程中，最大的技术难题莫过于枣核弹的射击精度问题。枣核弹是一种刚刚面世不久的新弹种，累计生产的数量有限，技术成熟度不高。其弹体细长，舵片不对称分布，这对射击精度都是很不利的因素，因此布尔给出的射击精度指标以及实际射击结果，确实与使用要求有相当大的距离，这个关系155毫米火炮前途命运的难题，只有靠自己解决。123厂潜心钻研，先后采取了一系列技术措施进行综合治理，以期提高弹丸膛内运动稳定性、减小弹丸初始扰动和章动，改善飞行姿态，

☆参加国庆35周年阅兵的155毫米加榴炮

进而提高射击精度。功夫不负有心人，经过了53次398发试验，1989年1月在国家靶场通过了鉴定试验，达到了国防科工委下达的指标要求，大大好于布尔的原设计水平。南京理工大学郭锡福、赵子华教授找到了影响底排弹减阻效率的规律，并成功地编出了中国第一个底排弹射表。

在国产化过程中还有个三个

"臭皮匠"攻克炮闩开口涨圈的故事。涨圈是螺式炮闩密闭炮膛的重要元件，它由两个涨圈组成，仅650克，质量虽轻，但价格高达每套1200美元（当时合1万元人民币），外方不转让技术。为了解决这个难题，127厂张榜招贤，工人出身的机修分厂陈广喜厂长找来老磨工师傅韩希军和钳工出身的技师王立成，商量之后，决定啃啃这块硬骨头。他们三位与有关人员组成了攻关小组，打响了攻坚战。首先，认真消化外方的图纸资料，严格按照图纸中的工艺进行试制，结果有一半的尺寸达不到公差要求。三位师傅意识到这根洋拐棍是指望不了了，必须另辟蹊径，自谋出路。他们认真研究了该组件的性能和工作环境等，参照外方的工艺，土法上马，探索自己的工艺路线，自己设计工装、卡具、量具，自己改造机床，自己安排热处理工序，将图定的工序改掉了一多半。经过近一年的艰苦奋战，制成了涨圈，性能与进口货不相上下，完全满足需要，成本仅200元，展现了中国兵工的智慧与才能，也让对方的"敲诈"落了空。

第一单出口合同的艰辛

国产化成功了，生产线建成了，但是牵引式的155毫米加榴炮国内不予列装。怎么才能使引进的技术发挥效益？如何使这条先进的生产线发挥作用呢？出路只有出口一条。1986年，155毫米自行炮被北方公司列入了兵器工业第一批外贸科研计划。1986年3月开始了论证工作。

1988年10月，北京国际防务展览会实弹射击表演时，中国造的155毫米自行加榴炮首次亮相并一炮打响。科威特国防部表示了浓厚的兴趣，定于1990年8月在科威特进行155毫米自行炮射击表演，然而就在火炮到达科威特前两天，8月2日伊拉克不宣而战，攻占了科威特，试验被迫取消。

1991年海湾战争结束后，美、英等国以救世主自居，不但大量向科威特倾销武器，而且竭力阻挠中国武器进入科威特市场，美国总统打电话，国务卿写信，露骨地进行干涉。

北方公司在兵器工业总公司的领导下，一方面抓紧研制，一方面加强促销，先后派出 9个代表团访问科威特，邀请8个科威特代表团访华，4次为科威特组织武器表演。另一方面，我国政府也给予了强有力的支持，在外交层面上与以美、英为首的西方国家展开了针锋相对的斗争。李鹏总理和迟浩田副主席致信科威特国家领导人，中央还果断决定将155毫米自行炮项目纳入中科两国军事合作谅解备忘录，并决定由国家军贸办牵头，统一协调有关事宜，一个口径、一个渠道，一致对外。

在中央正确领导下，历经整整9年努力，终于于1997年底与科威特签订了第一份出口155毫米自行火炮武器系统的合同。

签约难，履约更是充满了艰辛与挑战。该系统不仅庞大，而且新装备特多。11项装备中，有十项都没有定型，这么多新装备需要设计试制、技术攻关和定型试验，生产线需要技术改造，然而时间只有两年，第一批产品就要交付，难度实在太大。为了完成这项承载着国家领导人殷切希望的光荣任务，兵器工业总公司党组把它与50周年阅兵工程并列为两大政治任务，在全系统进行了广泛深入的动员，与承担任务的单位签订了军令状。"攻难关，破险阻，不畏难，不怕苦，一切为了155"，参加该项目的单位，以及广大工程技术人员、干部和工人，全力以赴，战胜了一个个困难，攻克了一道道技术难关，按时完成了合同，走出了一条超常规发展的路子，创造了兵器工业历史上的一项奇迹。

　　熟话说，万事开头难。自从2000年出口科威特的第一单圆满交付之后，155毫米火炮的出口形势就像井喷一样，订单接踵而来，在新世纪的第一个十年里又收获了9个订单。科威特后来又续签了两大订单，接着其邻国沙特和北非的阿尔及利亚也先后订购了PLZ-45型155毫米自行炮武器系统。此外，155毫米自走跑、岸防炮也进入了阿尔及利亚和埃塞俄比亚的市场。随后，155重返亚洲，车载炮在东南亚缅甸也取得了一席之地……155毫米火炮家族如今已经成为兵器工业军品出口的重要支柱。国内没有列装的155毫米加榴炮成了国际市场的香饽饽，誉满亚非。

中国特色的科学发展之路

　　从1984年引进155毫米牵引炮开始，至今也不过30余年，今天，中国已经形成了世界最大的155毫米火炮的大家族，既有自行炮、车载炮、海防炮，也有自走炮；既有39倍口径，也有45倍口径，还有52倍口径；既有枣核弹，也有圆柱弹，成为世界上155毫米火炮品种与弹药品种最多的国家。中国还把火箭增程技术成功地移植到了全膛弹上，将底排弹的射程大大提高，成为当今世界上射程最远的155毫米炮之一。中国又在155毫米火炮上开发了激光制导炮射导弹，使中国成为弹药品种最全的国家之一。特别要指出的是，中国将传统的火炮进行了信息化、自行化与网络化的技术升级，率先建成了以155毫米火炮为核心的C⁴ISR武器系统，令火炮的功能与效能发生了革命性的变化，使中国的155毫米火炮技术跃进了世界先进行列。它的重大意义在于：

引进、消化、开发创新、再出口，155走的是一条独具中国特色的发展国防科技工业的阳光大道。

充分利用国内国外两种资源、两个市场，155走的是和平时期建设强大国防科技工业的成功之路，是最有效的"动态保军"。

它投入少，产出高，几千万美元的投入，产生了约20亿美元的产出，155走的是一条集约化的、高效的、可持续发展的金光大道。

155毫米火炮的成功引进，是打破西方技术封锁的胜利。155毫米火炮的成功出口，同样是打破西方国家对世界军火市场垄断的胜利。155毫米火炮的外贸成功，尤其是PLZ-45型的研制成功，带动了国内火炮及相关技术领域信息化技术的发展，它为发展高新技术产品出口、为大型复杂系统的组织管理积累了宝贵的经验，155毫米火炮全方位、立体式的技术服务，也为军贸工作由单一的产品贸易向产品与服务贸易相结合提供了有益的借鉴。这些都将对我国军贸工作的发展产生积极而深远的影响。

155毫米火炮的成功也是中国兵工继承发扬人民兵工精神的胜利。30年的发展历程贯穿的是一种祖国荣誉、国家利益高于一切的爱国主义精神，天不怕、地不怕的大无畏革命英雄主义精神，勇于开拓、敢于攀登的创新进取精神，艰苦奋斗、无私奉献的献身精神以及相互支援、团结协作的集体主义精神。

（九）95式5.8毫米枪族勇攀世界高峰

　　95式5.8毫米班用枪族（以下简称95式枪族），包括自动步枪（分为无托结构、折叠托结构两种）、班用机枪及短自动步枪，其子系统有白光瞄准镜、微光瞄准镜、多用途刺刀及警用枪挂榴弹发射器等。该枪族为我国自主研制，其无托自动步枪和班用机

☆我国最新研制的5.8毫米枪族

枪1995年10月通过设计定型，短自动步枪和折叠托自动步枪分别于2000年10月、2003年1月通过设计定型；综合性能达到了世界先进，1997年荣获部级科技进步特等奖，1998年荣获国家级科技进步一等奖，在我国枪械发展史上写下了浓墨重彩的一笔。

20世纪70年代初，中国决定走自主研发的道路，开展小口径步枪研制工作。此后大致经历了三个阶段：早期1971—1979年，小口径枪弹论证与口径选定；中期1980—1988年，87式5.8毫米枪族研制与小口径再论证；后期1989—1995年，方案征集及95式枪族研制。在早期和中期阶段，各参与单位克服许多困难和阻力，密切协作、联合攻关，积极开展口径论证和主要战术技术指标可行性研究，为95式枪族研制打下了基础。

1990年5月，58岁的朵英贤被任命为95式枪族总设计师，主持研制工作。朵英贤是国家培养的第一批自动武器设计专业毕业生，一生始终梦想着设计中国自己的步枪，致力超越世界两大枪王——苏联的AK47总设计师卡拉什尼科夫和美国的M16总设计师尤金斯通纳。接到任务，他满腔热情地投入工作，率领研发团队克服学习和模仿国外武器特别是苏联各类枪械的思维定式，致力于自主创新，最终成功研制出先进的95式5.8毫米枪族，在世界枪界同时赢得了"质量最轻、尺寸最小、有效射程最远、终点效应最好"四个第一的美誉。

在世界枪械行业，卡拉什尼科夫的AK47式突击步枪以可靠著称，但缺点在于精度不够，耗弹量大；尤金斯通纳的M16枪族则胜在弹道性能稳定，精准度高，但容易出故障。军旅出身的两位枪王，尽管在战场上和实践中获得了许多宝贵的设计灵感和先天优势，而相对薄弱的力学基础，是容易被人超越的突破口。

朵英贤在主持95式枪族研制中，把AK47式突击步枪和M16枪族的优点结合起来，尽量做到两全其美。他着手打通原参研单位各自技术封锁，推进资源共享、技术互补；以"一体化工程"规划设计指标和可应用的技术框架，运用并行作业和网络管理方法开展工作；并突破行业局限，在国内寻求相关技术支撑。他率领团队，通过分析美国的M16、法国的法玛斯、比利时的FNC，让陆军教员们来评价武器好坏，最后综合出自己要什么样的武器、具体指标应该怎么定。先后研究论证了80多个方案，经科学验证、认真权衡和不断推敲，最终选择了5.8毫米口径，达到了理想状态。

95式枪族的战术技术指标瞄准国际先进水平。当时，国内基础较差，技术储备不多，人员流失严重，工人技能普遍下降，设备陈旧落后，研制难度很大。该枪族研制工作，一改过去单门独户搞设计的方式，集中行业技术优势，由相关设计和生产单位联合研制，统一组织设计群体，号称"国家队"，在国防科工委批准的行政指挥系统及总设计师系统（简称"两师系统"）的领导下开展工作。

与之前的国产枪械相比，95式枪族设计合理、性能先进、结构新颖、使用可靠、操作方便、造型美观。与国外同类产品相比，其最大优势是以最轻的全枪质量发射世界三种小口径弹中质量最大（4.2克）的弹头，点射精度好，达到了当时世界领先水平，标志着我国轻武器跨入了国际先进行列。

1997年7月1日，香港回归祖国，95式枪族作为驻港部队装备，首次向世界亮相。1997年8月5日，中央电视台新闻联播系统展示了装备驻港部队的轻武器，重点报道了95式枪族及其性能。同年8月5日，《解放军报》报道："以自动步枪和班用机枪为主的我军新一代轻武器，与目前国内外同类产品相比，具有体积最小、质量最轻、直射距离最远和威力最大的特点，处于世界先进水平"；《人民日报》《光明日报》等媒体，分别以标题《我国轻武器发展跻身世界先进行列》《我国轻武器发展跻身世界前列》等进行报道。

95式枪族1998年8月生产定型后，陆续装备三军。朵英贤总设计师光荣当选中国工程院院士。

2004—2010年，95式枪族经历了列入装备10年后的第一次系统改进工作，主要改进包括三方面：一是对95式枪族进行改进，重点改善人机功效和进一步提高枪族的可靠性、配套性、防腐性以及勤务使用性能；二是研制5.8毫米通用普通弹，进一步提高使用方便性和后勤保障能力；三是研制枪挂榴弹发射器及35毫米口径的系列榴弹，提高步兵班面杀伤和反轻装甲能力。

改进项目任务重、难度大，历时6年完成。通过改进，定型了95-1式5.8毫米班用枪族，解决了95式枪族在部队使用过程中暴露的涉及使用性能、可靠性、人机功效、勤务性、维修性、配套性和防腐性等方面的38个问题，进一步提高了我军班用枪族的综合性能；定型了通用于我军步、机枪产品的10式5.8毫米普通弹，提高了我军弹药保障能力；定型了枪挂榴弹发射器及35毫米口径系列榴弹，填补了我军在手榴弹和迫击炮之间的面杀伤火力空白。

（十）世界最大的黑色金属垂直挤压机

2009年盛夏时节，位于内蒙古大草原中部的包头市传来喜讯。经过近三年的攻关，内蒙古北方重工业集团有限公司（简称北方重工集团）自主研制的世界首台3.6万吨黑色金属垂直挤压机，于7月13日成功完成热调试，挤出第一根合格的厚壁无缝钢管。此举标志着我国大口径厚壁无缝钢管制造技术获得重大突破，也是我国振兴装备制造业迈出的坚实一步。

在此之前，世界上只有美国威曼·高登公司拥有3.15万吨挤压机组，加上德国曼内斯曼公司、日本住友公司，几乎垄断了世界全部耐高温高压厚壁成型材料。我国大功率发电装备所需的大口径厚壁无缝钢管基本上全靠进口。为了迅速改变我国装备制造业的现状，打破国外，"十一五"期间，国家在装备制造业方面制定了十大科技专项、16个重点项目。兵器工业集团所属北方重工集团承担了16个重点项目之一的3.6万吨黑色金属垂直挤压大口径厚壁无缝钢管机项目（简称"360工程"）。

☆360机组刚刚挤压出一根大口径厚壁无缝钢管

　　2007年以来，在中央领导的关怀和国家发改委、财政部、工业与信息化部、科技部、国防科工局等有关部门的大力支持下，"360工程"的建设集合了兵器工业集团公司以及北方重工集团、清华大学、燕山大学、中国锻造协会、德国威普克公司、沈阳重锻、西重所、北京钢铁设计院、重庆钢铁设计院、长城钢厂、湖州九利、上海异形钢管厂等高校和企业的技术，两院院士师昌绪，清华大学锻压专家颜永年、林锋、吴任东，轧锻专家张一弓，金属挤压专家魏军，异形管专家蒙日昌、方源栋，工艺专家段素洁，油缸专家陈伟光等一大批老中青专家集智攻关，先后攻克了挤压工艺、压机设计、大型铸件制造、大吨位钢锭制坯等一系列世界性技术难题，2009年7月13日，北方重工集团自主研发的3.6万吨垂直挤压机成功完成热调试，采用挤压工业替代目前的锻造镗孔工艺，实现厚壁钢管制造工艺的跨越式发展和黑色金属挤压技术的重大突破，标志着我国大口径厚壁无缝钢管制造技术达到了世界领先水平。

☆3.6万吨黑色垂直挤压机最先进的高端管材成型工艺

☆挤压生产的大口径无缝钢管具有不可比拟的优势

制造万吨级重型设备是一个国家制造能力的标志，涉及设计、制造、运输、安装等诸多技术难题。3.6万吨垂直挤压机由于项目巨大、系统庞杂，又是全世界首台首套，可借鉴的经验少，被称为"极端制造"项目。3.6万吨垂直挤压机及相关辅助设备是一个共有63台套的热挤压生产线。北方重工集团的工程技术人员在近三年的攻关中，无数次克服技术、设备、安装调试等多个重大难题，保证了各项工作稳妥有序进行。

先后取得钢丝缠绕、预应力坎合结构、超大型机架制造安装调试等一系列重大突破。热试成功更是继两台主机制造安装、超高压大流量液压电控系统调试成功和1.5万吨制坯机热试车一次成功之后的又一项重大进展。

"360工程"作为兵器工业集团公司"十一五"规划重点建设项目，是国家"十一五"装备制造业16个重点项目中立项最早、进度最快、唯一在"十一五"期间建成投产并实现批量生产的项目，也是新时期兵器工业集团公司推动军民结合新技术跨入国家战略层面的重点项目。该项目一期工程的建成，当期完成目标挤压厚壁钢管5万吨，实现销售收入25亿元。

"360工程"不仅打破了国外对我国高端挤压技术的长期封锁，创造了压机设计制造和挤压工艺技术领域的多项世界第一，而且每年可以为国家节约外汇上百亿元人民币，对于我国火电、核电、石油、航空、航天、船舶等国民经济支柱产业自主发展和国防建设具有无可替代的作用。

（十一）NTE260大型电动轮矿用车填补国内空白

由北方重工集团旗下北方股份公司自主研发的牌NTE260电动轮矿用车于2011年8月正式下线。该产品额定载重达236吨，填补了国内这一吨位级矿用车的空白，标志着我国已具备自主研发高品位、大吨位、低价位电动轮矿用车的能力。整车技术处于国内领先和世界先进水平。该产品先后荣获兵器工业集团科技进步一等奖、内蒙古自治区科技进步一等奖。项目团队获兵器工业集团"重大科技创新奖"。2015年度入选内蒙古名牌产品，国家科技部、环境保护部、商务部、质检总局共同为北方股份的NTE260颁发了《国家重点新产品证书》，在国家层面获得又一个殊荣。

电动轮矿用车主要用于大型露天矿山开采、矿料运输，是矿山不可或缺的重要运输工具。世界上240吨级的被美国、日本、德国少

☆（上三图）电动轮矿用车施工现场

255

数几个公司垄断。我国不具备相应的技术，过去完全受制于人。

NTE260电动轮矿用车自投入市场以来，获得国内外用户的充分认可，已实现批量销售数十台，创造了显著的经济效益。同时，提升了我国电动轮矿车装备制造业的技术水平，实现了大型电动轮矿用自卸车的国产化及关键部件的国内生产，在安全性、可靠性、耐久性、经济性和环保性等方面形成独具特色的技术优势，为广大矿山用户提高生产作业效率、节约采购和维护费用做出了贡献，有效地推进了电动轮矿用自卸车产业的技术进步，发挥了引领和示范作用。与国外同类产品相比，NTE260电动轮矿用车不仅动力强劲，爬坡性能优良，出勤率高达98%，平均油耗仅为0.09千克/（吨·千米），而且总制造成本降低了15%。此外，NTE260电动轮矿用车在研发过程中融入了更多的人性化设计理念，新增了坡度放溜、恒速下坡及防滑控制功能等多项新技术，不仅极大地提高了行车安全性，而且有效地降低了司机的工作强度。自2011年8月第一台自主品牌电动轮矿用车下线至今，北方股份已成功研发出了NTE260、NTE150和NTE240三个型号的电动轮矿用车。截至2016年，北方重工集团下属控股子公司北方股份已与缅甸扬子铜业有限公司、中国神华集团、中国华能集团、包钢集团、中国北方车辆有限公司等一批国内外大型能源企业签订了45台自主品牌电动轮矿用车合同，创造了高端矿用车最短时间内批量销售的中国之最。此举不仅彻底打破了我国大吨位电动轮矿用车长期以来完全依赖进口的局面，而且为大型矿山的开采作业提供了具备优良性价比的国产化设备。

NTE260电动轮矿用车是国家战略新兴产业重点扶持的高端装备制造产品，北方股份公司依托国家非公路矿用车研发中心的技术优势，根据国家"十二五"期间矿山发展大型化的趋势，自主研发的新产品，推动了国家矿用车辆的系列化发展进程，该产品具有优越的动力性能和节能环保的优势，在技术上达到了国际一流水平，尤其在制造成本、备件供应、售后服务等方面拥有国内外同行业难以比拟的性价比优势。NTE260电动轮矿用车的研制成功，再一次展示了北方重工集团挺起民族脊梁的"中国力量"。

北方股份公司通过狠抓技术创新、基础管理和质量管控，加大总成本控制力度，加强采购配套和服务体系建设，北方股份市场拓展力和品牌影响力进一步提升，国内市场已实现了全国所有省级行政区域全覆盖，占有率达到80%以上，国外市场拓展至全球57个国家和地区。从市场占有率和销售规模来看，北方股份已成为仅次于美国卡特彼勒公司和日本小松公司的全球第三大矿用车制造企业。

（十二）阅兵砺剑扬军威

新世纪实现新的跨越，兵器工业秉承"科技领先、创新未来"的理念，全力推动武器装备自主创新，形成了以远程压制、两栖突击、精确打击、防空反导、高效毁伤、光电信息为核心的兵器高科技体系，并开始向信息化兵器转型，为国庆60周年阅兵奉献了一系列自主研发的高科技兵器装备。兵器工业集团为16个方队配备了14种新装备、3种底盘配套装备及2种前导车配套装备，成为参阅装备数量规模最多的军工集团，其中首次亮相接受检阅的装备超过半数以上，在阅兵仪式上亮点频现，引发各界关注。分别是99A主战坦克、96A主战坦克、05式两栖突击车、履带式步兵战车、8×8轮式步兵战车、05式两栖装甲车、伞兵战车、警用防暴车、05式155毫米履带自行加榴炮、07式履带自行122毫米榴弹炮、05式120毫米轮式自行迫榴炮、红箭—9反坦克导弹发射车、4管25毫米弹炮结合自行高炮、装有红箭—8导弹的直九武装直升机、02式轮式自行100毫米突击炮、03式300毫米多管远程火箭炮。这些新装备在战技性能、质量可靠性和信息化程度上均已接近或达到世界先进水平，充分展示了兵器工业的科技实力，并荣获了"国庆60周年阅兵装备保障重大贡献奖"；兵器装备集团的受阅装备分布在14个徒步方队、30个装备方队、12个空中梯队中，参阅的产品7种、核心配套产品3类24种、一般配套产品100余项，是参阅装备最多、唯一一家涉及所有阅兵方阵的军工集团，荣获了"国庆60周年阅兵保障服务杰出贡献奖"。

2015年9月3日，纪念中国人民抗日战争暨世界反法西斯战争胜利70周年阅兵活动，聚焦了全世界的目光。代表国产现役主战装备水平的27支地面装备方队共50型近600台（套）装备，气势恢宏、震撼人心，精准流畅、米秒不差通过检阅，彰显了我国国防和装备建设发展的最新成就，振奋民族精神，凝聚中国力量，展示国威军威。在10个徒步方队，27个地面装备方队，9个空中装备梯队，都有兵器装备集团自主研制的先进装备；兵器工业集团研制生产的战斗装备及底盘配套设备，共涉及11个方队、13型产品、201台（套），占地

☆ZBD05两栖陆战队战车

☆ZBD09轮式步兵战车

☆红箭—9反坦克导弹发射车

☆ZBD04履带式步兵战车

面装备总数的35%。兵器工业集团不仅是纪念抗战胜利70年阅兵装备最主要的研制生产单位之一，而且是地面受阅装备技术保障的牵头组织者和核心骨干力量，荣获"纪念中国人民抗日战争胜利暨世界反法西斯战争胜利70周年阅兵保障贡献奖"。

（十三）用创新托起"汽车梦"

抗美援朝战争结束后，重庆长安军品收入锐减，工资发放困难。工厂开始利用闲置机床，尝试"军转民"，生产吉普车。当时资金缺乏，甚至没有专用机床和实验设备，条件十分艰苦，造车所需的零部件几乎都是用锤子等简单工具一点一点敲出来的。为了做车壳上大弯拱部分，工人们得先在地上挖个一模一样的拱形坑，再将部件铺上敲打成型；为让车壳看起来美观，工人们在覆盖件上刮上厚厚的腻子，等表面平整后再刷上漂亮的草绿色漆……

通过"土法上马"，终于在1958年5月研制出中国第一辆吉普——"长江"牌46型越野吉普车。1959年，20辆这种吉普参加了国庆10周年阅兵，让人欢欣鼓舞。到1963年，"长江"吉普共计生产1390辆，其中绝大部分装备到解放军各大部队。

后因多种原因，"长江"牌吉普车在重庆长安停产，相关图纸资料移交给了刚筹建完毕的北京吉普车厂。虽然停产，但"长江"吉普却在长安种下了"汽车梦"，从此让长安与汽车结下了不解之缘，最终梦想成真，成为了汽车行业的佼佼者。

20世纪70年代末、80年代初，和平与发展成为时代主题，军工任务和军品订单又一次大幅减少，经济效益直线下降。百年长安踏上了二次创业之路，开始新的军转民，"找米下锅"。在民品选择上，不忘"长江"吉普、对汽车情有独钟的长安人毅然选择了进入汽车领域。

1981年的广交会上，来自国外的微型货车亮相，让长安受到了启发。当时中国汽车市场"缺轻、少重、无微"，于是长安决定从微车入手。经过两年努力，1983年10月产出第一辆微型货车样车，中国首辆微型汽车就此诞生！1984年1月，工厂抽出两台

☆整装待发的长安出口汽车

样车进行3万公里路试；试验结果表明，样车性能基本达到或接近国外样车水平。此后，长安微车迅速在中国走红，销量飙升；长安汽车产业也从此高歌猛进，一发不可收拾。

20世纪90年代，重庆长安从生产奥拓轿车开始，进入轿车领域。其后，积极开展对外合资合作，特别是加快自主创新步伐，到2015年长安品牌汽车销量突破150万辆大关，连续9年实现中国自主品牌销量第一；品牌价值达481.2亿元，稳居中国企业品牌前10位。从而创造了兵工企业军转民的奇迹。

进入汽车行业初期，长安汽车也曾尝试与合资合作方共同研发，但对方拒绝共享核心技术。这让长安汽车认识到：控股权不等于控制权，利润分配不等于利益分配，合资合作不等于就有发言权和影响力；要成为一流的汽车企业，就必须掌握核心技术，必须靠自己自主创新，否则将永远受制于人、没有出路。正是基于这样的认识和体验，长安汽车迈出了探索自主创新道路的坚定步伐。

长安汽车通过认真研究世界汽车发展历程，全面分析中国汽车产业现状，确定了以掌握核心技术、培育核心竞争力为目标，以企业为创新主体，有效整合利用全球资源，稳步推进技术创新渐进式升级的自主创新道路模式；在近30年的摸爬滚打中取得"真经"、实现跨越，经历了从"技术引进、消化吸收"到"以我为主、联合开发"，再到"以我为主、自主开发"的技术创新"三部曲"。

技术引进，消化吸收。进入汽车业伊始，长安汽车与铃木签订"技贸合作"协议，通过技术引进的方式，学习、消化吸收、转化为自己的技术。合作之初，长安汽车坚持全散件（CKD）模式，而非半散件（SKD）模式，以便"拿来"后能够通过学习、

☆长安汽车1000万辆下线

☆长安汽车在展会上受到好评

借鉴形成自己的技术和理念。第一批车组装时，包括螺钉螺母、座椅以及其他零部件在内的国产件只占15%。为加快技术转化，长安汽车积极组织、引导和支持配套企业，开展相关零部件的国产化，与零部件配套企业一同进行技术攻坚。一年多后，零部件国产化率实现翻番，配套比例超过了30%；特别是连续攻克了发动机、仪表盘、驾驶室三大技术难关，积累了许多研发经验，也大大推动了国产化。

以我为主，联合开发。在积累了一定技术和经验后，长安汽车开始把眼光转向海外，实施"走出去"战略。从最熟悉的微车领域开始，决定开发新一代微车CM8。由于在造型等方面缺乏经验，于是选择与当时世界一流的造型设计公司——意大利都灵IDEA汽车设计公司进行合作。在联合开发过程中，长安汽车研发人员参与整个开发过程。经过3年努力，CM8于2004年上市。虽然长安贡献度只有20%，虽然当年销售欠佳，对生产经营和员工收入造成了一定影响，但长安汽车逐步领悟了自主创新之"道"，第一次对汽车研发有了全面、总体的认识，知道了汽车研发需要一套完善、协同的研发流程，需要对市场趋势做出准确的判断，需要坚实的人才队伍支撑，需要持续投入和成体系的试验手段等。长安汽车把积累的宝贵经验进行认真总结，编写了中国汽车业第一部自主研发的"黑皮书"。随着新的研发项目相继启动，长安汽车逐步形成"以我为主"与利用欧洲有关国家资源相结合的汽车研发格局，自身贡献度上升至50％。此后，长安汽车研发团队特别注重创意、流程等隐性知识，提升参与度，着力实现"得一个产品，建一套流程，培养一批人才"的目的。

以我为主，自主开发。随着经济全球化的加快，国外汽车研发理念、技术、人才等资源日益丰富。长安汽车紧紧抓住这一机遇，以全球化视野和开放型思维整合利用世界优势资源，构建全球研发体系。2003年，在意大利都灵建立中国第一个海外汽车研发中心，主攻汽车造型设计。2008年，在日本横滨成立研发中心，主攻内饰和精制工艺。2010年，在英国诺丁汉成立研发中心，主攻发动机和变速器技术。2011年，在美国底特律设立汽车研发中心，主攻底盘技术。至此，连同在重庆、北京等地先后建立的多个本土研发中心，构建了"五国多地、各有侧重"的全球研发体系，形成了了解掌握、跟踪利用乃至引领汽车研发前沿技术的"主阵地"。为整合协调全球资源，让处于不同国度、不同文化背景、不同专业定位、不同任务分工的研发中心有效协同，先后投资2亿元架设数字数据网络专线，建立CAD/CAE数字化设计系统，实现全三维设计和数字化虚拟仿真；建立以PDM为基础的协同设计开发流程及数据管理系统，实现了全球24小时不间断同步开发。

与此同时，与清华大学、同济大学、吉林大学、中国汽车技术研究中心（天津）、中国汽车工程研究院（重庆）等机构联合建立技术中心，探索"政产学研用"的协同创新模式，搭建院士专家工作站，共同承担国家"863"计划等重点项目，研究最前沿的新材料、新工艺等基础技术。以新能源为例，长安汽车积

☆签订军民军地深度融合发展战略合作协议

极参加国家新能源汽车创新联盟，牵头构建重庆市节能与新能源汽车产业联盟；先后在北京、重庆、山东等地成立消费者研究基地，全面、真实、及时地倾听消费者声音，把握市场信息和科研方向；与多家战略性供应商成立联合开发中心，提升零部件协同开发能力和全供应链技术水平。

通过上述"三部曲"，长安汽车在汽车科研领域完成了从依靠外援到完全自主、进而引领行业的嬗变，近年来不断推出新技术、新概念、新车型，助推长安汽车成了中国第一自主品牌。

在科研开发工作中，长安汽车舍得投入，每年坚持将销售收入的5%投入研发，"十五""十一五""十二五"分别投入超过38亿元、126亿元、390亿元；注重研发团队建设，2015年末全球研发人员达1万人，其中长安品牌研发6000余人、高级专家400余人、来自10个国家的外籍人才300余人，13人入选国家"千人计划"，居国内汽车行业第一。长安汽车已经掌握了汽车领域286项公认核心技术中的262项，具备了"5+1"核心研发能力；新能源汽车研发水平达到了国内领先、国际一流，拥有专利30余项；智能汽车技术研发领跑同行，重庆至北京的2000公里无人车测试圆满成功。依靠自主创新，长安汽车成为国内一流汽车企业的梦想已然成为现实；现在，正在向着打造世界一流汽车企业的新目标迈进。

（十四）"中国摩托车之王"

1995年，兵工企业"国营嘉陵机器厂"被授予"中国摩托车之王"的殊荣，摘取了行业桂冠，成了当时兵器行业推广学习的军转民典范。作为一家百余年的"老字号"兵工厂，重庆嘉陵（泛指现中国嘉陵工业股份有限公司（集团）和重庆嘉陵特种装备有限公司）有过辉煌的历程，特别是在抗战中作出了宝贵贡献；在新中国和平年代军转民时期，同样自强不息、奋发有为，取得了骄人业绩，收获了摩托车之王的荣誉，贡献了"嘉陵经验"，成了军转民示范单位。

该厂始创于1875年，前身为清朝政府江南制造总局在上海创办的龙华枪子厂，是我国近代军工史上最早的枪弹厂之一。1932年1月日军入侵上海，工厂奉令搬迁至杭州，此后辗转河南巩县、湖南株洲。抗日战争爆发后，1938年4月，由湖南株洲迁至

☆1979年9月，嘉陵机器厂试装50轻骑样车

重庆。1939—1946年，工厂不惧日军频繁轰炸，边防空边生产边扩建，给前线提供枪弹上亿发、手榴弹数十万枚，为抗战胜利立下了汗马功勋。

1957年，工厂提出并实施弹壳制造"以钢代铜"重大技术革新。面对苏联专家的质疑，历尽艰辛曲折，经过8年攻关，终于在1965年10月试制成功大口径枪用钢弹壳，开创了我国枪弹史上"以钢代铜"的先例。

1977年，工厂号召全厂职工学习南泥湾精神，自力更生，开荒种地，开展了一场万众大搞农副业生产的群众运动，塑造了嘉陵"六月精神"，成了嘉陵人在不断发展的征途中勇往直前的强大精神动力。

党的十一届三中全会后，重庆嘉陵面临军品任务严重不足、企业连年亏损的困难局面。工厂在"军民结合、平战结合、军品优先、以民养军"方针指引下，积极探索"军转民"新路子，努力寻求适应市场需求、技术含量较高又能够养活5000多名职工的新产品。经过多方调查分析，最终选择摩托车作为军民结合的新产品。

工厂开发生产摩托车，面临着一无资金、二无设备、三无技术等现实困难，引来了社会公众甚至上级和同行的质疑：一个只擅长"冲壳子"(生产子弹)的企业，要生产集机械加工、内燃机专业、电器仪表、喷涂工艺等诸多专业于一体的复杂产品，怎么可能呢？但厂领导班子和全厂职工敢想敢干、背水一战，坚定战胜困难的信心和决心，义无反顾地走上了开发生产摩托车之路。

☆2013年3月，嘉陵新厂区在璧山工业园区正式落成投产

　　当时，开发摩托车的捷径就是引进国外技术。但在谈判中，外商提出的合作条件一个比一个苛刻，难以接受。工厂深刻意识到，谈判必须以经济技术实力作后盾，否则只能处于被动地位。于是决定甩掉"洋拐棍"，自力更生开发生产摩托车。1979年4月20日组建摩托车研究所，向全厂职工发出"造出'争气车'，向国庆三十周年献礼"的战斗口号。

　　摩托车试制工作一开始，困难便接踵而至，无图纸资料，无专用设备，80%的材料性质不清楚，工模具制造跟不上……面对这些困难，全厂职工积极响应工厂号召，大打摩托车试制攻坚战，先后攻克了图纸资料关、材料关、模具制造关、专用设备关、外协件关5道难关。从零部件试制，到重点技术攻关，仅用了4个半月的时间就取得了成功。全厂直接参与试制的有802人，在没有一分钱加班费的情况下，许多人主动放弃星期天休息；在没有一分钱奖金的情况下，许多人熬过了一个又一个不眠之夜。1979年9月15日，第一辆"嘉陵"摩托车终于组装下线，中国首辆轻便民用摩托车诞生！经过200多公里的试车，主要性能指标超过南斯拉夫托马斯公司A3型摩托车，接近日本本田PA50S型摩托车水平。

到1979年10月1日，工厂共试制出样车5辆，实现了"造出'争气车'、向国庆30周年献礼"的目标。在国庆期间，这5辆嘉陵CJ50型摩托车在天安门绕场骑行，引发了全国轰动。同年年底试生产的55辆摩托车，更被北京市民一抢而空。

1980年，工厂生产CJ50型摩托车2500辆，陆续投放北京、成都、上海、重庆等市场，引起了强烈反响，几个月之内收到赞扬和求购信件两万多封。不久，中国大地上便刮起了"嘉陵旋风"，嘉陵摩托广泛驰骋在中国城乡，当时民间流传着一个顺口溜："一辆嘉陵两个筐，工资赛过胡耀邦"，许多人靠"嘉陵"脱贫致富，许多人因销售"嘉陵"而发了家。以至于很长一段时间内"嘉陵"在中国成了摩托车的代名词。

1981年6月29日，时任中共中央总书记胡耀邦同志在新华社记者采写的题为《生产嘉陵摩托车的经过与内幕》的《内参》清样稿上批示："这是一个很开眼界又长志气的材料。我们现有的机械工业，潜力确实非常之大。"

伴随着首辆轻便民用摩托车的诞生，重庆嘉陵从此走上了一条成功的"军民结合"之路。1981年，与当时世界上最大的摩托车生产企业——日本本田公司开展技术合作，奠定了在国内摩托车行业技术领先的地位。之后，在国内首创摩托车经济联合体，壮大经济实力，上档次、上规模，迅速发展壮大，占领了全国摩托车市场的半壁江山。

1995年，嘉陵摩托车产销量首次突破100万辆大关，达到110余万辆，被国家统计局技术进步评价中心授予"中国摩托车之王"的称号。10月，"中国嘉陵"股票在上海证券交易所正式挂牌上市。

1996年，"嘉陵"品牌被评定为1995年度"中国最有价值品牌"，品牌价值为25.72亿元，成为摩托车行业价值最高的品牌。1997年，"嘉陵"商标获评"中国驰名商标"，成为中国摩托车行业第一枚全国驰名商标。

企业先后荣获"国家级企业技术进步奖"、"全国优秀企业金马奖"、"全国用户满意企业"、全国首批"质量管理卓越企业"、"中国名牌产品"、"全国质量效益型先进企业"、"全国守合同重信用企业"、"资信等级AAA级"等殊荣。在摩托车行业，率先通过ISO9001、ISO14001、"CCC"和国家"摩托车生产准入"等认证；率先研制成功国内首款具有自主知识产权的最大排量两轮摩托车；率先出口国际市场，产品远销全球70多个国家和地区。

（十五）保变电气——国内输变电行业的龙头

保变电气是保定天威保变电气有限公司的简称，2007年战略重组后进入兵器装备集团公司，从此输变电产业变成了兵器装备集团的主导民品。多年来，在该产业领域取得了大批核心技术成果，先后荣获国家及省部级科技奖励100余项，其中国家科技进步特等奖1项、一等奖2项；承担国家及省部级重大科研课题20余项；获得专利授权1875项，其中发明专利191项；主持或参与制订国家和行业标准近80项；完成国家和省级成果鉴定227项，其中国际先进水平以上的56项；发表论文200余篇，其中半数以上被国际三大索引收录；出版学术著作8部，其中包括专著2部，1部著作获得国家自然科学基金和教育部联合资助。

多年来，保变电气经营的变压器产品的核心能力始终位列行业第一阵营，核心技术及生产能力处于国内领先水平，特高压、大容量交直流产品市场占有率稳居行业前三。拥有变压器检测中心、河北省输变电产业技术研究院和河北省特高压变电工程技术研究中心3个国家认可的研发机构，形成了基础研发设施较为完善的技术研发及试验测试平台。拥有梯次分明、结构合理、高水平、高素质的专业化研发团队，在全国企业技术评价中，

☆保变电气——世界首台最高电压等级的1 000兆瓦/1 000千伏高压变压器

连续多年保持全国输变电行业科技创新能力第一位。产品谱系跨越10～1000千伏，实现了特高压输电、火电、水电、核电、调相变、特型变等产品领域的全覆盖。相继自主研制成功30余种在中国电力工业发展史上属"第一"的重点产品，其中包括世界独有的最高电压等级、最大容量1500兆瓦/1000千伏现场组装变压器；世界首条特高压直流输电示范工程用±800千伏换流变压器；中国第一台1000兆瓦超临界发电机组配套的三相一体1140兆瓦/500千伏变压器；中国第一台出口美国的300兆瓦/230千伏移相变压器；中国第一台ODFPS-500兆瓦/765千伏官亭变电站主变压器；中国第一台具有自主知识产权的三峡工程地下电站用840兆瓦

/500千伏发电机主变压器；中国第一台具有完全自主知识产权的100兆瓦/800千伏智能可控并联电抗器；中国第一台具有完全自主知识产权和最高电压等级的1000兆瓦/1000千伏高压变压器等，为三峡水电、西电东输、特高压交直流输电、百万火电机组等国家重大电力工程建设和电力工业发展进步提供了重要的技术装备支撑。

三、典型人物

英雄人物是精神的缩影，是时代的旗帜。85年的人民兵工涌现出倪志福、吴运铎、祝榆生为代表的一大批精神典范，他们秉承人民兵工优良传统，执着追求、勤勉敬业、锐意进取、无私奉献，在平凡的岗位上做出不平凡的业绩，成就不平凡的事业，成为人民兵工的优秀楷模。

（一）英雄模范

1. 倪志福（1933—2013）

倪志福是兵器工业战线一名耳熟能详的工人出身的工程师、发明家、技术革新能手、"钻头大王"。他从一个普通工人一步步走上了国家领导人的重要岗位，他是中国兵工人的杰出代表。

☆倪志福

1953年，年仅20岁的倪志福技校毕业后，进入了北京永定机械厂（即现在的兵器工业北京北方车辆制造厂）当钳工。时值抗美援朝时期，兵器工业的沈阳五三工厂向国防工业系统发出了开展社会主义劳动竞赛的倡议，劳动竞赛活动在国防工业系统蓬勃兴起。永定机械

☆倪志福在工作中

厂响应号召，以技术革新为中心的劳动竞赛如火如荼。此时，工厂接受了一批抗美援朝的紧急支前任务，倪志福负责给高锰钢的减速器外壳钻孔。高锰钢是一种具有防弹能力高强度钢种，硬度很高，极难加工，半天才打一个孔，不但效率很低，而且钻头磨损极快。一向爱好钻研技术的倪志福，对此发生了兴趣。他脑海里盘旋着这个令人头疼的问题，仔细观察加工的每一个细节，特别是磨损最严重的钻头钻心部分的外缘转角处，觉得这里有可能就是钻头最薄弱的环节。能不能从这里入手，找到解决问题的办法？经过长期的钻研与探索，他有了一个大胆的设想，打破了上百年来麻花钻头刀口平直的常规，于1953年8月创造性地将钻头磨成了三尖七刃的形状。奇迹发生了，钻孔又快又耐磨。经过无数次试验对比，其轴向力降低了35-47%，扭矩降低了10-30%，功效提高了2-3倍，寿命延长了3倍，具备高速耐磨、轻巧省力、排屑方便、寿命长、质量好、效率高的优点。

经工厂和北京工业学院的技术鉴定，该钻头被命名为"56型倪钻"，很快在国内外得到推广应用。1958年被收进了苏联的《钻工手册》，随后又传入日本、美国。以后倪志福又与技术员周淑英等共同发明了七种钻型。

1959年10月，北京市举办先进刀具技术表演庙会，各路刀具能手云集。会上举行了一场"倪志福钻头"与"张赵李钻头"的擂台赛。比赛的科目是，用16毫米直径的钻头，一分钟钻透150毫米厚的钢板，光洁度和垂直度达到规定要求。比赛开始，两台大摇臂钻床一齐开动，倪志福将钻头对准钢块孔位，摁下手把，只见钻头快速钻进，瞬间钢块就被打穿，用时不到一分钟。现场顿时一片掌声。而另一台钻床"卡喳"一声，钻头卡在孔里。"倪钻"获得了胜利。从此，倪志福和他的钻头，名扬全国。

1960年倪志福应邀访问捷克，进行了大走刀量的钻孔表演，获得很高评价。1964年11月18日，倪志福应邀在四大洲北京科学讨论会上宣读了《倪志福钻头》论文，获得一致好评。1965年获得国家发明三等奖。1982年他又完成了一套能钻不同材料和适应不同工艺特性的新钻型系列。与此同时，他还主持编写了《倪志福钻头》《群钻的实践和认识》《群钻》三部著作。1986年获联合国世界知识产权组织颁发的金质奖章和证书。2001年12月倪志福获得国家知识产权局发布的新型实用专利。2003年，又荣获首届"中国十大科技前沿人物"的光荣称号。

谦虚谨慎的倪志福，1965年6月在《机械工业》杂志上郑重发表声明，"倪钻"是群众智慧的结晶，建议更名为"群钻"，一字之差，展示出倪志福同志博大的胸怀。

倪志福多次荣获全国先进生产工作者、劳动模范等光荣称号。

倪志福这位从工人成长起来的工程师，为金属切削技术的发展做出了重大贡献，成为中国工人阶级的杰出代表。

后来，倪志福离开了兵器工业系统，走上了领导岗位，先后担任过中华全国总工会主席，中共北京、上海、天津市委书记，中共中央政治局委员和全国人大常委会副委员长等重要职务，为我国的社会主义建设做出了重大贡献。他虽然日理万机，但始终关心着兵器工业的发展，一如既往地支持兵器工业的工作。他先后视察了吉林江机厂、北京北方车辆厂、北京理工大学等多个单位……倪志福同志始终保持工人阶级的优秀品质，艰苦朴素、平易近人，永远是我们学习的榜样。

2. 李强(1905—1996)

李强是陕甘宁边区军事工业创始人，1944年被授予陕甘宁边区特等劳动英雄称号。毛泽东高度评价他的丰功伟业，并寄予厚望，亲笔题词"坚持到底"。

☆李强

☆1939年4月，军工局李强在延安杨家沟迁安塞县茶坊的办公室旧址

　　李强出身于书香门第，青年时代投身救亡图存的学生运动，1925年加入中国共产党。1926年7月9日国民革命军在广州誓师，拉开了北伐战争的序幕。为迎接北伐军，共产党人准备在上海举行工人武装起义，武装起义总负责人罗亦农通知李强设法筹备武器弹药。他接受任务后，凭借在大学读书时学到的基础知识，到书店买了一些兵工方面的书，到化工商店买了所需硫酸、硝酸等化工原料，在上海闸北青云路上海大学附近一条弄堂里与他的侄子曾雍孙一起制造炸药。然后到比较偏僻的西宝兴路宋教仁墓地附近做试验，他们用大约200克的炸药，外面包上蜡纸，装上自制的雷管，用爆竹线作导火索做试验。试验成功后，开始做手榴弹，没有铸铁的弹壳，就用马口铁罐头盒代替，里边装上5毫米直径的滚珠，用炸散的滚珠，提高杀伤力，获得成功，在上海工人武装起义中派上用场。

1937年，"七七事变"后，李强从苏联经过新疆到达延安。1938年3月，中央决定成立中央军委军事工业局，发展军事工业，以支持长期抗战，由滕代远参谋长兼局长，李强任副局长。陕甘宁边区地瘠民贫，经济十分落后，工业品全部靠外地输入，国民政府对边区又严密封锁，物资十分匮乏，在这种态势下发展现代军事工业困难重重。当时陕甘宁边区有1个红军兵工厂，不到百人，为了工厂的发展和安全，军工局决定将兵工厂从延安柳树店迁到安塞县茶坊镇，改称陕甘宁边区机器厂。上海私人企业主沈鸿带领7个员工和11台机器，从武汉经过西安投奔八路军，这批"宝贝"被并入机器厂。李强还通过八路军驻西安办事处购买了10部机器。工厂扩大了，分设2个厂，西厂为机器制造部，主要为边区军事工业制造机器设备，东厂为枪械修造部，一边修械，一边筹备制造步枪。

1942年，陕甘宁边区开展大生产运动，军工局扩大军事工业的规模，建成紫芳沟化学厂，组建留守兵团第1兵工厂，扩建了石油厂，创办了陶瓷厂、玻璃厂、炼铁部、焦炭厂、扬桥水力厂、制鞋厂、皮革厂等，形成了军民结合、全面发展的新格局。抗日战争时期，李强领导的军工局共生产步枪130支、50掷弹筒400门，复装子弹246万发、手榴弹36万枚、50弹2万发、无烟药4800斤，同时为边区机关和民众生产了大量的生产和生活用品，如运输车、弹毛机、氯酸钾、钞票纸、耐火砖以及银元等。1944年5月被评为边区特等劳动英雄。

3．刘鼎（1902—1986）

刘鼎，四川南溪人，原名阚思俊，1920年考入浙江省立高等工业学校。1923年8月加入中国社会主义青年团，1924年经朱德介绍在赴德留学期间转为共产党员。1930年刘鼎同志从苏联回国后，被分配到中央特科工作，担任二科副科长，在陈赓同志领导下，从事社会调查，收集情报，负责中华苏维埃区域代表大会的保卫，参

☆刘鼎

与营救关向应等同志。顾顺章叛变后，他在周恩来的直接指挥下，负责与钱壮飞、李克农联系，保护党组织的安全，粉碎了国民党妄图将中共中央一网打尽的图谋。1937年被派往东北军改名刘鼎，以张学良的随从军官名义从事地下工作，毛主席说"西安事变，刘鼎同志是有功的。"

1926年他从德国转赴苏联深造，在列宁格勒空军机械学校担任中国留学生的政治指导员，同时学习航空专业。1928年在莫斯科东方大学担任中国留学生军事班的俄文翻译，翻译了《兵器结构》《爆破原理》《无线电技术》等课程，边翻译边学习，打下了良好的军工专业知识的基础。1929年回国途中，他参加了刘伯承领导的远东游击队，担任连指导员兼武器教员。

1933年，他出任中央苏区洋源兵工厂政委，试制出3门35毫米的小迫击炮及铸铁炮弹，这是人民兵工历史上最早的自制火炮。

☆习仲勋为刘鼎题
词"兵工泰斗统战
功臣"

　　1940年，他被任命为八路军总部军工部部长，其间，他提出了步枪标准化和制式化的建议。在他的领导下，兵工生产发展很快，先后试制成功"八一式"马步枪、掷弹筒和榴弹、为发展敌后根据地的兵器工业，为抗战胜利不遗余力地工作。

　　1941年5月，他创立了人民兵工第一所兵工学校——太行工业学校，并亲自兼任校长。这就是兵工高等学府——太原机械学院和中北大学的前身。

　　抗战胜利后，1946年他被任命为晋察冀军工局副局长，亲自组织研制炸药包抛射机和长杆迫击炮弹，在淮海战役和解放太原的战役中发挥了重大作用，被毛主席誉为"土飞机""土坦克"。为解放战争的胜利做出了重大贡献。

　　新中国成立后，他担任重工业部兵工办的第一任主任和兵工总局的第一任局长。是新中国兵器工业的创始者和主要奠基人。

他随徐向前同志赴苏联谈判，签订了十分重要的协定，为学习苏联，引进先进技术和管理经验，建立独立自主的现代化的中国兵器工业奠定了良好的基础。在周总理的直接领导下，他组织起草了《关于兵工问题的决定》，为兵器工业绘制了第一个宏伟的发展蓝图，确定了解放军第一批武器装备的制式化型谱。为解放军正规化、现代化、武器装备制式化，为建立独立自主、配套齐全的现代化兵器工业做出了卓越的贡献。

早在1952年在他的主持下创建了第一批研究所，奠定了新中国兵器科研的基础。

他负责领导二机部民品办公室时，认真贯彻"军民结合、和战结合"方针，组织制定了《在和平时期发挥国防工业的生产能力，组织生产民用产品的办法》，积极组织兵工企业开发国民经济所急需的重大装备，迎来了兵器工业第一次军转民的高潮。

习仲勋同志称刘鼎是"兵工泰斗，统战英雄"。

4. 吴运铎（1917—1991）

吴运铎是我国抗日战争时期兵工事业的开拓者之一，是中国抗日战争时期新四军革命根据地兵工事业的开拓者、新中国第一代工人作家。他撰写的自传《把一切献给党》，在20世纪50年代脍炙人口，发行500余万册，被翻译成多种文字，曾影响了几代人。1951年10月，中央人民

☆吴运铎

政府政务院和全国总工会授予他特邀全国劳动模范称号，并将他誉为中国的"保尔·柯察金"。苏联人民在莫斯科高尔基大街14号，为他建立了"中国保尔纪念馆"。2009年9月他被评为100位为新中国成立作出突出贡献的英雄模范之一。

他祖籍湖北武汉，1917年出生。早年曾在安源煤矿当矿工，1938年9月他辗转到皖南根据地，参加了新四军，1939年加入中国共产党。在革命队伍中，他自修了机械制造专业理论，先后在新四军二师军械制造厂和兵工厂担任技术员、副厂长、厂长。解放后，曾任中南兵工局副局长，447厂总工程师，五机部科学研究院副总工程师等职。1991年5月在北京病逝。

吴云铎是著名兵工专家，他参加革命工作后即开始从事火炮技术研究。抗日战争中，在淮南根据地极端困难的条件下，他因陋就简，带领职工自制土设备，扩大了枪弹生产。他主持设计并研制成功杀伤力很强的枪榴弹和发射架及各种地雷、手榴弹，参与设计制造出37毫米平射炮以及定时、踏火等各种地雷，为提高部队火力做出了贡献。新中国成立后，他主持无后坐力炮、高射炮、迫击炮和轻武器等多项课题研究，在为改善我军装备作贡献的同时，为国家培养了兵工人才。

吴运铎是献身人民兵工事业的楷模。当年，由于设备简陋、经验缺乏，兵工生产的危险性常常不亚于作战前线。吴运铎参加工作不久，在一次检修土枪实弹射击时，土造枪管突然爆炸，炸伤了他的左手。此后，他又三次负重伤，留下伤口100余处，但都奇迹般地活下来，与死神擦肩而过：第一次，发动机的摇柄突然掉下，砸伤他的左脚，后来伤口发炎致左腿感染，发高烧到40多度，医生挖去腐烂的肌肉，在他的踝骨处留下一个月牙形的大洞，吴运铎不得不拄着双拐走路；第二次，他从报废雷管中拆取雷汞做击发药，雷管在他手中突然爆炸，他的左手被炸掉4根手指，左腿膝盖被炸开，露出膝盖骨，左眼几近失明，昏迷不醒15天；第三次，在炮弹实验场地检查射出去的哑弹，炮弹突然爆炸，吴运铎左手腕被炸断，右腿膝盖以下被炮弹炸劈一半，脚趾也被炸掉一半。负责抢救他的医生怕他麻醉后会醒不过来，做手术时连麻药也没敢用，但吴运铎硬挺了过来。医生用X光检查后，发现他右眼里还残存一块小弹片取不出来，就坦率地告诉他有失明的危险。吴运铎却说："如果我瞎了，就到农村去，做一个盲人宣传者！"在病床上，他利用尚存的微弱视力，坚持把引信的设计搞完，制造出新型的高级炸药。同时，他还学习日文，以便阅读参考资料。他说："只要我活着一天，我一定为党为人民工作一天。"

吴运铎在新四军医院养伤的时候，听前线下来的伤员介绍：由于武器缺乏，有的战士还在使用鸟枪打仗；每个战士一般只有3发子弹，平时为壮声势不得不用高粱秆把子弹袋撑起来；打完了仗还要把弹壳捡回来上缴以重新复装。他在医院再也躺不住，不顾伤口未痊愈，便拖着伤残的身体、拄着树棍回到工厂。第二次负伤时，他躺在病床上不能下地，就在床上画武器的设计草图，导致伤口迸裂，鲜血直流，但他浑然不觉，医生不得不没收了他的钢笔和小本子。在新四军里，鉴于日伪军在淮南津浦路四处修筑了碉堡群，步枪手榴弹难以对付，吴运铎便设计制造出专门攻坚用的简易平射炮。在攻占鸡岗的战斗中，36门平射炮一齐开火，碉堡即刻土崩瓦解。后来他又把炮的口径从36厘米扩大到42厘米，增加射程到4千米。他设计制造的枪榴弹，射程达540米，也很受部队欢迎。一次，美军飞机轰炸日本占领区时，投下的炸弹有8颗未炸，吴运铎便去拆卸。此时，炸弹里面的机件因震荡变形，落弹又相距很近，就会引起殉爆。吴运铎让大家躲到安全的地方，自己不顾生死，上前细心检查构造，谨慎地拆下引信，不仅消除了危险，而且从中取出了大量炸药。

吴运铎工作勤奋，生活俭朴，始终保持着工人阶级本色。他坚持实践第一的原则，经常深入工厂车间和试验场，亲自动手，与技术人员和工人一起研究改进产品，使得技术成果能迅速转化为可靠的产品，大大缩短了兵工产品的研制周期。即使在健康状况恶化的情况下，他仍在思索着兵器的改进问题，并且不停地绘制方案草图。在中国工会第十次代表大会上，他当选为全国总工会执行委员，同时还受聘为多所院校的名誉教授。

5. 钱志道（1910—1989）

钱志道是陕甘宁边区基本化学工业和我国现代国防工业的开拓者之一。抗日战争期间，弹药异常缺乏。钱志道是专攻理论化学的，到延安之后，他亲眼看到边区地瘠民贫、毫无工业基础的困难环境，决心把自己所学的科学知识应用到边区急待发展的基本化学工业上来。1939年5月，他担任中央军工局三厂厂长兼工程主任，在既没有专业技术人员、又没有原材料的简陋条件下，团结工人群众，克服各种困

☆钱志道

难，孜孜不倦地工作，先小型试制，再扩大生产雷汞、硫化锑、拉火药、子弹底火药，完成了复装子弹和手榴弹的任务。1940年9月，他响应朱德总司令"提高复装子弹和制造手榴弹的能力，支援前线"的号召，依靠工人，修造设备，迅速提高了产量，复装子弹由日产三四百发提高到千发以上。在受命筹建紫芳沟化学厂的过程中，他从一张白纸做起，亲自设计生产工艺和工艺流程，和战友一起冒着极大的危险，赴国统区采购建设化工厂需要的材料和关键器材，组织职工们紧张施工，仅用了一年多时间，便在贫困的黄土高原上建起一座从基本化工产品到火、炸药的制造工厂，并在技术水平上，达到当时国内先进水平。紫芳沟化学厂生产的硝化甘油、硝化棉等化工产品用于军工生产后，使枪弹、手榴弹、掷弹筒弹和迫击炮弹的威力有了明显的提高，在战斗中起到了震慑敌人的作用。此外，化学厂还为边区造出了钞票纸、氯酸钾等重要原料。由于成绩卓著，《解放日报》以《模范工程师钱志道同志创立边区基本化学工业》为题，介绍了他的事迹，1939年和1945年，他两度当选为陕甘宁边区特等劳动英雄，

毛泽东亲笔题词称赞他"热心创造"。

钱志道为发展中国的航天事业做出了突出贡献。1946年6月，他奉命赴东北建设新区的军事工业，他团结技术人员，运用他在紫芳沟设计化学厂的经验，在荒无人烟的北大荒，建设起一座规模较大的密山无烟药厂。军工部技术处成立后，他兼任处长，组织火箭与推进剂的研究，用湿法制成火箭推进剂，并制成单喷口活动尾翼式4英寸火箭（A3式榴弹），他还亲自到工厂参加实验，在推进剂的研制方面吸收了当时称为国际上先进技术的干压制药法并获得定型，从而奠定了中国火箭研究的初步基础。抗美援朝战争期间，他亲自组织并参与了步兵信号弹、手榴弹、迫击炮弹、引信以及90火箭推进剂及各种弹用发射药等新产品的设计、试制和生产工作。从1951年到1958年期间，钱志道作为国防工业的代表，四次随周恩来等中央领导赴苏谈判，参加了中国第一个五年计划期间的156项重点工程项目协定的商谈。1956年，他参与了《1956—1967年科学技术发展远景规划纲要》的制定工作，推动了国防科学技术事业的发展。

6.祝榆生（1918—2014）

祝榆生被誉为"独臂英雄""用特殊材料制成的人"，2005年荣获"兵器工业科技发展终身成就奖"。他66岁挂帅，主持国家重大科研项目三代主战坦克研制，获得国家科学技术进步一等奖；为我国发展高新装备，增强国防实力作出了突出贡献。

他1938年1月参加革命工作，同年10月加入中国共产党。历

☆祝榆生

任八路军115师司令部参谋股股长，山东滨海军区司令部科长，华东军政大学副部长，解放军高级步兵学校部长，炮兵工程学院、华东工程学院副院长，第五机械工业部科学研究院副院长，兵器工业部科技委员会副主任兼秘书长，中国兵工学会第十届理事，中国系统工程学会第一届理事和军事系统工程委员会第一、二届副主任委员，中国空气动力学研究会第一届副会长。

在革命战争年代，祝榆生是英勇的战士，为民族独立和人民解放洒下了鲜血和汗水。1938年入抗大后不久，被派往抗日前线，成为八路军主力115师的一员。先后参加过郯城、赣榆、临沂、滨北、枣庄等30多次战役战斗，多次立功受奖；1947年立大功一次。1948年1月在组织迫击炮试射时，右臂被炸断。战争期间，他创造和改进了20余种武器和器材，在战斗中发挥了很大作用。1950年9月，出席中华人民共和国全国战斗英雄代表会议。1955年5月被授予二级独立自由勋章和二级解放勋章，1960年被授予大校军衔。

在和平建设时期，祝榆生是军工战线的无名英雄，为祖国的国防现代化建设殚精竭虑、无私奉献。1959年，祝榆生进入哈军工炮兵工程系（二系）任副主任。1960年二系从哈军工分出成立中国人民解放军炮兵工程学院后，他担任教育长、副院长等职务，主要分管教学科研工作。1975年调五机部兵器科学研究院任副院长，主管科研。

1984年1月，66岁的祝榆生被国防科工委任命为新型主战坦克总设计师。祝榆生不负组织重托，带领科研人员展开了一场鲜为人知的国防高科技攻坚战，最终出色完成任务。研制期间，祝老经常奔波于各个试验场地。由于没有右臂，行走有时会失去平衡，自己跌过多少跟头，他也记不清了。1990年，祝榆生在包头摔断了三根肋骨，他忍痛坚持到会议结束才到医院治疗。1999年国庆阅兵首次展现了祝老他们研制的三代坦克雄风，2000年12月荣获国家科学技术进步一等奖。2009年7月，在中俄"和平使命"联合军演中，中国最先进的第三代主战坦克99式坦克首次驶出国门，凭借出色的表现荣膺我国陆军装备的"军中神"美誉。

祝榆生是用特殊材料制成的人。对待生活，祝榆生奉行节俭。经常吃面包、方便面、剩菜剩饭；对待工作，祝榆生置病残身体于不顾，尽管每顿饭只吃一两多粮食，但他却在科学研究中爆发着令人惊叹的超常能量；对待同事，祝榆生平等友善，赢得同事最真挚的敬意，凝聚团队夜以继日、任劳任怨工作热情；对待住房，祝榆生甘居陋室，水泥地板，白粉墙壁，在这里数十年如一日工作不辍、思考不息。由于房屋冬天阴冷，考虑到老人的身体，他的女儿曾经趁他出差时给邹家华写了一封信，希望组织上给调换一套条件稍好的房子。祝榆生得知此事后，除了将女儿严厉责备一番外，还亲自向邹家华另写了一封信，并请求将原信退回；对待荣誉，祝榆生素来淡泊谦恭。作为三代坦克总师，他拒绝申报院士，谢绝集团给特聘科技带头人每月4000元的补贴，谢绝兵器工业科技发展终身成就奖20万元的奖金，还在临终时向组织上交了一笔不菲的党费，展现了一名共产党员、一名兵工人的无私奉献精神和高尚品格。

7. 赵占魁（1896—1973）

在1943年11月和1945年1月陕甘宁边区召开的两次劳动英雄大会上，赵占魁都被授予陕甘宁边区"特等劳动英雄"称号。1945年4月至6月，他作为陕甘宁边区代表团成员参加中共七大。1948年夏，他参加了在哈尔滨召开的第六次全国劳动大会。1949年9月，他作为全国总工会代表出席了中国人民政治协商会议第一届全体会议。1950年9月，他被授予"全国劳动模范"称号。

☆赵占魁

赵占魁对兵工事业有发自内心的深爱，有非常自觉的牺牲、奉献精神。1939年5月，在延安桥儿沟工人学校建设队打铁部，他和几个工友半月时间就打出200把镢头、300张锄头。1939年6月，在西北农具厂当翻砂工人（后任翻砂股股长），在2000摄氏度的熔炉前，他每时每刻都认真工作着，毫不懈怠。解放战争时期，他随西北野战军转战陕北，在极端困难的条件下，组织职工家属生产地雷，打击敌人。他在工作中不怕苦不怕累，脏活累活抢在先，任务完成得最多最好。赵占魁的杰出表现，使他在1939年至1941年间的每次劳动竞赛中都获得"甲等劳动英雄"奖章。1941年陕甘宁边区第二届参议会选举时，被四个工厂的选民一致提名当选为候补议员，成为边区工人学习的楷模。

赵占魁劳动态度好、技术水平高，还顾全大局，团结工友一起奋斗。1942年初，蒋介石指挥胡宗南向陕甘宁根据地发动进攻，中央军委命令延安第一兵工厂要在短期内造出十万颗手榴弹，以应御敌之需。在这关键时刻，兵工厂内部有些工人却在少数坏人煽动下闹起事来，要求减轻生产任务，提高生活待遇，并扬言要罢工、造共产党和边区政府的反。风浪面前，赵占魁不为所动，在坚守岗位、用实际行动进行抵制的同时，积极配合党组织在工人中开展深入细致的思想工作，帮助工人正确认识当时敌我斗争的严峻形势，揭发批判极少数人带头闹事的险恶用心，教育工人不要上他们的当，表现出很高的政治觉悟。

党中央、毛主席及时发现了赵占魁这个典型，题词相赠并在边区开展了轰轰烈烈的"赵占魁运动"。1942年9月，延安《解放日报》刊登赵占魁的先进事迹并发表《向模范工人赵占魁学习》的社论。消息发表后，毛主席称赞此事，说赵占魁就是"中国式的斯达汉诺夫"，要求把他的优点总结起来，树立标兵，推广到各工厂各生产单位去。1942年10月，陕甘宁边区总工会发出通知，号召开展学习赵占魁运动。此后，一个以改变工人劳动态度、提高生产效率为内容的"赵占魁运动"在陕甘宁边区掀起，并很快推广到各抗日根据地，各地区都树立了自己的"赵占魁"，经常召开劳动英雄代表大会、劳模大会，交流经验、表彰先进。"赵占魁运动"从1942年持续到内战爆发，前后七年，在红色区域形成一股争当先进的好风尚。

8. 甄荣典（1916—2000）

甄荣典是享誉根据地的"炮弹大王"，历任太行山黄崖洞兵工厂工人，太原市机械工会主任，华北兵工工会、山西省总工会副主席等职务。习近平总书记在2013年全国劳模座谈会上称赞甄荣典为"新劳动运动旗手"。

☆甄荣典

甄荣典是晋冀鲁豫根据地的特等劳动英雄，在黄崖洞兵工厂，他承担了炮弹生产最吃力的工种——水车动力(有时人绞)车工，这个工种因体力消耗大实行轮换作业，但甄荣典一直坚持干了五年。他吃苦耐劳，积极生产，刻苦钻研技术，每次搞生产竞赛都是第一名。别人一天车50～60发炮弹，他能车到100发以上；别人车到100发，他增加到150发；别人车到400发时，他又创造了日车炮弹外圆480个最高纪录，被誉为"炮弹大王"。

在甄荣典身上体现了人民军工为党的事业、国家的安危而献身的崇高精神。在日寇扫荡时，甄荣典始终站在斗争的最前边，想出种种巧妙办法保护机器，来避开敌人的破坏。他常在工作极度疲倦之后，还一个人走到离工厂三五里外，选择埋藏机器的好地方。敌人来了，他把机器埋在大河滩里、水渠底，甚至敌人必经的大道上，自己则变成一个英勇的自卫队员，露宿在冬天的山野里，冒着生命危险和敌人"捉迷藏"，保护着军工生产的"命根子"。当埋好了机器，他立刻拿起五年来从未离开过的那支"六五"步枪，变成英勇的自卫队员。1940年冬天，他和1000多工人兄弟在一起，胜利完成华龙山突围。1942年5月大扫荡，敌人把太行山围得水泄不通，像篦梳一般在荒山绝岩里清剿了一个月。那时全厂工人都奉命向远处转移，但甄荣典不愿意离开工厂太远，自动和几个自卫队员留在敌人的清剿圈内，跟敌人坚持斗争。每当搜索的敌人走到埋藏机器的地方，他们就在周围山上向敌人开枪射击，将敌人吸引开来，用生命保护革命财产。生产不忘打仗，打仗不忘生产，炸了再建，毁了重修，不屈不挠，坚持斗争。就在日寇疯狂"扫荡"之下，黄崖洞各兵工厂的生产不仅没有减少，反而有所增加。1942年生产50炮167门，50弹28000多发、八二迫击炮弹1600多发；到1943年生产50炮350门，50弹48000多发、八二迫击炮弹4200多发，创造了战争年代武器研制生产史上的奇迹。

甄荣典的群众观点很强，善于团结工人师傅一起去干，逐步提高生产纪录。在八二炮弹厂，他上工的第一天就干出45个八二炮弹，超过一般工匠一倍；以后他又增到80个，别的工人也增到50个。军工部赞扬他：甄荣典走到那里，那里的工作就搞得呱呱叫！解放战争初期，前线战争很紧张，需要炮弹增加好几倍，如何完成任务呢？甄荣典就提意见：这样大的任务，要把任务拿到群众中去讨论，变成工人自己的计划才行。领导根据他们意见办了，这样一来，工人们生产很起劲，第一个月全厂就完成了任务，甄荣典则超过了计划。前线捷报频传，甄荣典在职工大会上提出挑战书：保证前线部队的弹壳供应，一定让前线有足够的炮弹歼灭敌人。他利用空隙时间加工，又改进了切槽刀的安装。原定突击任务是一个月，但前方需用炮弹很急，后方的生产也就更紧张了。在繁重的劳动中，他被铁滚砸伤两个脚趾，他把伤口包扎起来，将脚放到一条矮凳上，又继续紧张地工作，创造每天生产135发弹壳的惊人纪录。他们生产的炮弹，有力地支援了解放战争。由于贡献突出，1943年获晋冀鲁豫边区"新劳动者旗手"称号。1944年在晋冀鲁豫边区政府召开的工农业群英大会上，被评为一等劳动英雄。1947年立大功一次。1950年出席全国工农兵劳动模范代表会议，获全国劳动模范称号。

9. 尉凤英（1933— ）

1953年，矿工家庭出生的尉凤英20岁时进入724厂当学徒。她勤奋好学，钻研技术，大胆革新，在师傅们的帮助下，技术进步很快。当时厂内的冲床多数是些老掉牙的旧设备，手工送料，效率很低。尉凤英大胆尝试，成功地将手工送料改为自动送料，提高工效5倍，使冲床工序仅用21天就完成了全年的任务量。进厂第一年她就实现两项技术革新，仅用247天完成了全年的生产任务。又用434天完成了第一个五年计划的工作量。

☆毛主席接见尉凤英

1960年，她将轴承垫圈的工艺，由车制改为冷冲压加工，提高功效14倍。 她又用4个月时间完成了第二个五年计划的工作量。

1953年至1965年的13年的时间里，共完成技术革新177项，其中实现重大技术革新项目"双头双刀""自动送料器""六角车床""半自动开关""自动送料退料杆"等58项。她多次被评为省市和全国的技术革命、技术革新的先进分子并荣获"社会主义建设积极分子"的光荣称号。

尉凤英是党的群众路线的积极实践者，她常说"一个人的力量是微小的，只有群众的力量才能移山倒海。"1958年，尉凤英的革新小组从3人发展到16人，一年实现316项革新。1960年，尉凤英革新小组又发展到100多人，革新342项，为国家创造财富

160多万元。同志们称这位年年超额完成生产任务的冲压女工为"从来不走，总是在跑的铁姑娘"。

尉凤英从1954年起连续10余年被评为沈阳市、辽宁省劳动模范。1956年、1959年在全国先进生产者代表大会、全国"群英会"上被授予"全国先进生产者"称号。尉凤英先后13次受到毛主席的接见。毛主席亲切地对她说："工人阶级是领导阶级，你是工人阶级的先进分子，要好好学习，努力工作。"1965年5月人民日报发表了《向毛主席的好工人尉凤英同志学习》的社论。

尉凤英始终严格要求自己永葆工人阶级本色，在调任航天部沈阳139厂副厂长、工会主席后，始终与工人群众保持密切联系，设身处地关心群众疾苦，尽心竭力为职工说话办事，沈阳市总工会和国防工业工会先后评选她为"模范职工之友"和"为推进改革搞活企业做出突出贡献的优秀领导干部"。

10. 葛敏君（1951—2003）

葛敏君1967年7月参加工作，生前系兵器装备集团原湖南江雁机械厂厂长。1995年由一家效益好的企业负责人调任江雁厂副厂长（1年后任厂长），用不到9年的时间将这个省级特困企业扭亏并成为盈利大户。2003年10月26日，葛敏君因患肺癌医治无效在任上长逝，走完了短暂的53岁

☆葛敏君（左二）

人生。2004年初，兵器装备集团党组作出决定，在全行业开展学习葛敏君活动，组织宣讲队在各二级单位巡回宣讲葛敏君先进事迹。这是兵装集团公司成立以来，也是兵器工业历史上第一次大张旗鼓宣传企业领导干部个人典型事例。

葛敏君全心追求事业，他带着家眷，从原湖南红日厂来到江雁厂，到任时，该厂刚完成三厂搬迁合并，6000多职工每年销售收入仅两三千万，负债高达两亿多，是湖南省有名的特困企业。葛敏君任厂长后，认真听取职工意见、鼓舞职工干劲，坚持每周用两个晚上作"厂长接待日"，一做就是八年。

他工作的轴心除了现场，还有市场。2003年5月下旬，正值非典时期，他不怕非典传染亲自拜访主机厂山东潍柴，协调解决排气门质量问题，企业当年由C类上升为B类再到A类供货商，产品在潍柴装机份额提高了一倍。正是这次进入山东的非典例行检查，葛敏君被发现确诊为肺癌。

他苦心推进改革，1998年后，江雁厂驶入发展快车道，产销量以每年50%以上的速度递增，年销售收入从当初两三千万元迅速上升至1.5亿元；2003年扭亏并大幅盈利。

1997年，顺应国有企业减员增效的改革潮流，江雁厂推出《坚决实施下岗分流、择优上岗方案》，但阻力很大，葛敏君反反复复做工作，方案最终获得通过并顺利实施。他反复调研、分析，在企业推行分灶吃饭、分块搞活、分兵突围的"三分"策略，以产品为依托，成立增压器、汽车配件、机械制造三大模拟法人公司，在内部实行董事会领导下的总经理负责制。在旧债尚未还清、很难向外贷款的情况下，他采取拍卖等市场化运作方式处置不良资产，筹措上千万元资金投入技改；并调整产品结构，保留7类核心产品和关键工序，其余向外扩散。

他真心留住人才。企业要发展，没有人才不行！葛敏君从激励科技人员入手，根据个人的能力和业绩每月分别给予科研人员100～1500元不等的津贴，以优先解决住房和子女就业就学等方式重奖有突出贡献的科技人员，积极创造好的工作环境，在感情、待遇、事业上关心人才，充分释放了生产力。1998年之前，工厂研发一个新品种需要一年半；1998年后只需3个多月。到2003年底，先后成功开发增压器新品92个，批量投产49个；1999年到2003年间，增压器年销量从1.5万台增长到10万余台，增长了5倍多；销售收入由4000万元增长到近2亿，年均增长近50%。

11. 李天新（1959—2012）

李天新1978年4月参加工作，1991年6月加入中国共产党，生前任兵器工业集团北方光电股份有限公司总经理助理、西安北方光电科技防务有限公司副总经理。

☆李天新

他忠诚使命，坚定信念，献身国防事业。自参加工作以来，他就一直在兵器光电企业工作，从一名普通的钳工成长为重点产品生产组织管理的行家里手，从1991年以来，他就一直冲锋在生产一线，扎根在生产现场，为企业连续多年实现重点产品科研生产任务的成功履约做出了突出贡献。2012年6月，李天新作为技术保障分队的负责人到达某基地进行技术保障工作，他不顾自己身患类风湿和较强的高原反应等疾病困扰，在战车里连续奋战20多个日夜。7月11日上午完成了既定的产品技术保障任务后，中午12时10分，还未及吃午餐的他，突然昏倒，不省人事，很快被送往当地的基地医院救治，被诊断为大脑大面积出血。他这一昏厥，就再也没有醒过来，他用生命践行了对兵器事业的无限忠诚！

他恪尽职守，鞠躬尽瘁，倾心重点工程。他除了出差在外，一有时间就"泡在"车间里，"扎在"数以万计的零件里。这些年，他走遍了生产单位的每个角落。在生产的紧要关头，顾不上休息，也顾不上回家，甚至一天"干掉"8包方便面。他不仅对自己要求苛刻，对产品的质量要求更是近乎"绝情"，始终牢记职责使命，坚持质量第一，确保装备生产"零缺陷"和技术保障"零故障"。在某重点产品生产中，他严把生产、检验、交验每一道关口，把问题解决在生产线，有力保证了装备的质量和性能。

他顽强拼搏，敢为人先，冲锋生产一线。作为分管售后服务保障工作的负责人，只要部队有任务，他都第一时间组织跟进。2012年6月份，在刚刚完成艰辛的装备生产任务后，他顾不上休息，毅然率队奔赴演练基地。他带头冲锋第一线，每天工作15小时以上。正是在他模范带头的感召下，全分队保障人员上下一心、攻坚克难，圆满完成了任务。演习成功了！试验成功了！保障成功了！他却倒在了心爱的试验场，再也听不到这胜利的喜讯。

（二）院士群体

1. 王越（1932—　），中国科学院院士、中国工程院院士

王越是原兵器工业雷达所所长、北京理工大学校长，我国著名的信息系统专家，承获得国家有突出贡献的中青年专家、全国兵器工业先进工作者等荣誉称号，并荣获兵器工业功勋奖。

1957年，我国开始建立地对空火控雷达工业生产线并功能性仿制产品，王越任终端分系统的技术负责人，配合总体完成了整机试制工作。他主持进行了将对空火控雷达改为

☆王越

对海用的设计改型工作，完成了当时应急型号设计并装备部队，

保证了国防的急需。作为我国第一代机载火控雷达的主持设计师，他克服了种种困难，解决了一系列的关键技术问题，通过了各种实验和鉴定，最终圆满完成了试制工作并批量装备空军，从而开始了我国空军机载火控雷达的装备国产化历程。他主持了我国新一代陆基常规对空火控雷达（小86度雷达）化的设计工作，并与北京市合作建立了试制生产线，该产品于1973年完成设计定型，率先在国内实现此类型雷达的固态化和半导体化，雷达的体积、质量、耗电等方面性能有较大幅度的提高。在探索陆基火控雷达发展中，他引进随机服务系统及对抗博弈理论，建立了高强度对抗环境下的总体模型和火控系统的四维评价指标体系，保证了火控雷达的发展能够适应现代化作战环境的要求，从而使得火控雷达的设计、试制成功率有较大幅度提高。1978年，王越荣获全国科学大会重大贡献先进工作者奖。1978—1988年，王越担任了我国第三代陆基常规火控雷达（306雷达）的总设计师兼行政指挥，该系统获得了1988年机电部科技进步特等奖和1989年国家科技进步一等奖，是国内最先进的新一代地面防空火控雷达，并主动筹建了所厂合作的小批量生产线，在国内较早开创了由研制单位牵头抓总体、工厂配套合作生产高技术装备的模式。同期，王越主持研究的另一个系统获得了1988年机电部科技进步一等奖和1989年国家发明四等奖。自1980年起，王越担任研究所的行政领导后，使该所由只能研制单一型号产品的纯科研单位，逐步发展成为可同时担负多型号多项目研制任务，指令性项目与其他任务相结合，军品民品科研生产、开发与经营齐头并进的新型科研单位。

2. 徐更光（1932—2015），中国工程院院士

徐更光，北京理工大学教授，中国兵器工业火炸药行业和爆炸技术领域领军人物。

曾任国务院学位委员会第三届、第四届兵器科学与技术学科评议组召集人，中国兵器工业总公司科学技术专家委员会副主任及炸药专家组组长，国防科技工业局科学技术委员会委员，国防科工委专家咨询委员会委员，中国兵工学会理事，中国材料研究会副理事长，爆炸科学与技术国家重点实验室委员会主任，

☆徐更光

北京理工大学学术与学位委员会副主任委员，北京理工大学力学工程系主任等职。

他长期从事炸药及应用技术的教学与科学研究，先后发明了8701、海萨尔、改性B炸药等十余种新型混合炸药，并发展了相应的装药新工艺，已经广泛应用在我军火炮、火箭和各种战术导弹的战斗部上，大幅度提高了我国武器弹药的威力、提高了生产

安全性和使用安全性，为中国弹药和炸药及装药技术的发展做出了突出贡献。其中，8701炸药贡献尤为突出。不但全面取代8321混合炸药，广泛应用在火箭、导弹和无坐力炮等低过载的破甲弹上，而由于在三代坦克的125毫米高膛压坦克炮上应用成功，突破了我国高过载的后膛炮不敢使用高能混合炸药的禁区，为我国破甲弹赶超世界水平立下了汗马功劳。

徐更光院士在炸药配方设计与应用技术及爆炸力学方面的研究比较深入而广泛，颇有建树。主要包括以下方面：炸药爆轰数字模拟与爆轰参数工程计算、炸药热分解动力学及贮存安定性与作用安全性评估、炸药流变学性质及装药技术以及超细材料对爆轰性能的影响，炸药晶间酸对装药贮存安定性的有害影响；RDX/TNT悬浮体系流变学性质研究；大口径榴弹药的引爆研究；硝基胍的低易损性研究；炸药低比压顺序凝固技术研究；HMX/RDX混合物的应用研究；非理想炸药爆轰学及炸药爆轰产物状态方程研究；炸药爆炸能量输出结构研究等都取得了丰硕的成果。先后获得1978年全国科学大会奖、国家科学技术进步奖一等奖等国家级奖励4项，部委级科技成果奖10余项，培养博士、硕士研究生50余名，为推动我国国防科技事业发展做出了重大贡献。

徐更光院士先后获北京市、国务院国防工办、全国高校先进科技工作者、"兵器工业功勋奖"等荣誉称号，以及"全国教育系统劳动模范"与"全国模范教师"称号。

徐更光院士热爱祖国，敬业奉献，追求真理，治学严谨，品德高尚，是我国工程科技界的杰出代表。

3. 苏君红（1937—　　），中国工程院院士

中国兵器工业211所原所长、研究员、红外技术专家，曾任云南省科协主席。1963年毕业于西安交通大学无线电工程系无线电技术专业，长期从事红外技术的研究工作，主要研究地面和空中的目标与背景的辐射特性、目标的探测和识别技术，早期参加过红外测角仪、红外激光雷达等项目的研究。后来担任"7551"热成像工程总设计师，带领团队选择了符

☆苏君红

合我国国情的技术路径，组织211所和有关协作单位，对红外热像仪所需的晶体材料、SPRITE探测器、金属杜瓦瓶、斯特林制冷机、专用集成电路等关键元器件进行全面技术攻关，在我国率先完成了第一代两种通用组件热成像的工程研究，定型的多项产品已经应用于海、陆、空军多种武器装备和外贸产品中，为我国红外事业、为提高武器夜间作战能力作出了重大贡献。热象仪项目获国家科技进步一等奖，苏君红本人荣获中国兵器工业功勋奖、

1995年度劳动模范、并荣获光华基金一等奖、何梁何利基金科学技术进步奖。1994年被选为中国工程院院士。

4. 李鸿志（1937— ），中国工程院院士

李鸿志是原南京理工大学校长，著名瞬态力学专家，中间弹道学创始人，弹道学家。

在多年的科研教学实践中，李鸿志首次提出中间弹道学的概念,在瞬态力学研究和瞬态物理现象实验领域做出了突出贡献，并开展了广泛的国际合作，得到国际学术界的公认。

☆李鸿志

他主持研制成功7项瞬态测试技术设备，均达到国际或国内先进水平，其中的大型高压激波管及其测试系统，是目前国内同类激波管中规模较大的一个。他主持创建了高压激波管实验室，多次承担自然科学基金、国家教委基金研究项目，并与德国亚琛理工大学共同承担德国大众基金项目，联合培养博士生。1988年，他与美国著名弹道专家联合发起，首次在中国召开了"国际弹道学学术会议"，并担任会议主席，从此，中国成为国际弹道会议成员国，推动了中国弹道学的国际交流。他主持创建的"中间弹道

实验室"，成为国内瞬态流场测试技术研究和实验的主要基地，已为中国10余项国防科研提供了重要的实验结果。在此基础上，1991年，又创建了弹道国防科技重点实验室并被任命为该室主任。迄今为止，他共承担了24项部省级以上科研项目，并已取得17项系统的科研成果，荣获4项国家级、5项部省级科技成果奖、1项国际发明展览金奖，获得2项国家发明专利。自担任校长以来，为学校建设发展和教育改革作出了显著的贡献，共培养了博士和硕士生20名，编著的教材分别获部级优秀教材一等奖和全国高等院校优秀教材奖。著有《中间弹道学》等5部学术专著，发表论文50多篇，撰写了科研报告10余份，均在行业内获得好评。个人曾荣获光华基金特等奖、兵器工业功勋奖、全国优秀教育工作者、国家有突出贡献的中青年专家等称号。

5. 毛二可（1934—　　），中国工程院院士

毛二可是北京理工大学教授，雷达、信息处理技术专家，长期从事雷达系统及其信号处理方面的教学和科学研究工作。在雷达体制和杂波抑制方面取得重大的科研成果，提高了中国雷达动目标显示、检测性能及跟踪的精度和速度，对中国雷达技术的发展做出重要贡献，先后主持和参加了30多项重点科研任务，并在雷达系统及其信号处理和教书育人方面做出了创造性的贡献。曾获光华科技基金特等奖，国家发明二等奖一项、三等奖两项、四等奖一项，部级奖多项。自1981年以来主持完成了21项合同，其中有4项获国家发明奖。著有《毫米波导引头信

号处理机》《电荷耦合器器件动目标显示对消器》等论著。

☆毛二可

毛二可特别注重使科研成果应用到部队装备中，解决实际问题。早在20世纪80年代初期，他的"高稳定本振源"等三项成果产值就达到上千万元；"电荷耦合快慢钟"项目成果，使某厂积压的40多部雷达得以更新出厂，价值4000余万元。20世纪90年代他主持完成的某项科研项目获国家发明三等奖，已推广到几种重要的雷达设备中，部分装备还出口到了国外。在成功研制第一代测量系统的基础上，近几年，该系统通过进一步的创新和完善，又取得了新的突破性进展，成功研制出了精度和可靠性更高、体积更小、操作更方便的测量系统，这套系统很快将在陆海空各种平台中广泛应用。1995—2005年，毛二可带领团队历经10载，研制成功具有完全自主知识产权的通用信息处理机货架产品，具有小型化、运算能力强的优势，能充分满足军方对环境、振动、温度和可靠性等多方面的严格要求，应用于雷达、航天遥感、卫星导航等多个领域，形成了一种我军装备信息化的基础计算平台，为国防现代化建设做出了贡献。

6. 王兴治（1935—　　），中国工程院院士

王兴治是原兵器工业203所所长，我国著名的反坦克导弹专家，20世纪60年代参加我国第一代反坦克导弹研制。

20世纪70年代他参加红箭—8导弹研制工作，任第一任总设计师。20世纪90年代承担国家某重点工程项目，任总设计师。作为红箭—8项目负责人，王兴治带领团队采取各个击破的方式闯过一道又一道关卡。在他看来，这个项目之所以能够坚持下去，并取得成功，一是靠我国各个相关技术领域全力配合；二是靠这支科研团队近乎敢死队的执着精神。1984

☆王兴治

年10月1日，在国庆35周年的阅兵仪式上，红箭—8反坦克导弹方队首次亮相。1986年，该项目正式定型，不久后装备部队。红箭—8的横空出世，不仅填补了我军第二代反坦克导弹装备的空白，更标志着我国具备了独立自主研发第二代反坦克导弹的能力，通过十年磨剑，终于赶上了西方发达国家在相关领域的前进步伐。1987年，红箭—8项目荣获国家科技进步特等奖。在王兴

治他们的努力下，红箭—8陆续发展出多种型号，形成庞大的反坦克导弹家族。作为我军现役的主力反坦克导弹，红箭—8具有极强的通用性，可以由单兵、越野车、履带式或轮式装甲车、直升机等多种平台发射。而王兴治并不满足，他希望进一步提升反坦克导弹的性能，实现赶超世界先进水平的目标。20世纪90年代，他领导203所及有关厂、所的科研团队，研制出了车载重型反坦克导弹红箭—9。2000年荣获劳动模范光荣称号。

2009年，红箭—8和红箭—9这两种武器同时出现在国庆阅兵的装备行列当中。从第一代J-201导弹，到第二代反坦克导弹红箭—8、红箭—9赶超国际，再到新型武器的不断研发，中国自主研发的反坦克导弹，必将成为一切来犯坦克的克星。

7. 王泽山（1935—　　），中国工程院院士

王泽山是南京理工大学教授，我国含能材料领域的学科带头人，发射装药领域新理论体系的奠基人。

火药装药学科所研究的理论和技术，是解决武器的能量利用率、发射威力、发射安全性、武器机动性的基本依据和主要手段，是当今国际上迅速发展起来的新兴学科。王泽山教授是含能材料学科的领军人物，他系统地发展了火药装药理论，由他建立的理论和创造的技术已成为现代装药学的重要组成部分。在我国的装药技术界，王泽山作为主持人、总师、专家组组长，倡导组织了全国3个研究所、4个工厂和高校的有关专业，形成了我国装药系统工程的研究格局。

☆王泽山

1986—1990年，王教授研究了退役火炸药再利用理论和资源化技术，将废弃的含能材料转化为军、民用产品，将本需花费大量人力和财力处理的废弃火炸药分别转化为多种应用产品，减少了公害，变废为宝，为火炸药的生产、使用、储备、处理达到良性循环提供了技术途径。获1993年国家科技进步一等奖。

1991—1998年，王泽山教授研究了含能材料燃烧补偿理论，解决了储存稳定性问题，消除环境温度对发射击的影响，提高了能量利用率。含能材料的低温感技术是世界军事技术研究和发展的重要方向之一，王教授的成果获得1996年国家技术发明一等奖。

1998年至今，王泽山教授研究了"火炸药的能力积聚和定向释放规律""等模块装药"和"远程、低膛压装药"等原理，通过与有关工厂的联合，突破了技术关键。2015年获得国防技术发明特等奖。

王泽山教授曾获得866工程突出贡献专家、1997年何梁何利科学与技术进步奖、国家优秀科技工作者等荣誉。他是两项国家973项目的技术首席。也因为王泽山教授教学和科研方面突出的成就，1999年当选为中国工程院院士。

长期以来，王院士忠诚于教育、科研事业，具有良好的思想与业务素质。他刻苦钻研，淡泊名利，成就卓越，是含能材料领域的一代宗师。

8. 朵英贤（1932— ），中国工程院院士

朵英贤是原兵器工业208所副总工程师，现为北京理工大学教授、博士生导师，我国著名的武器设计专家。

从事兵工事业的朵英贤院士，勤勉热情、励精图治，和他的同事共同创建了我国第一个自动武器试验室，并技术领衔设计了我国建国后第一代机枪——67式轻重机枪。改

☆朵英贤

革开放以来，这个已到中年的学者焕发了青春活力，先后在发动机技术领域、在轻武器技术领域都颇有创建，特别是在"95枪族"的研制上，58岁的朵英贤作为系统总设计师带领研发队伍出

色地完成了研制任务，为我国轻武器的发展奠定了厚重的基础。67式轻重两用机枪，获1978年全国科学大会奖，至今仍是我军主要的武器装备之一。担任总设计师研制的"95枪族"，总体性能处于世界先进水平，获得1998年国家科学技术进步奖一等奖，已陆续装备全军。他曾获甘肃省先进科技工作者称号，"8910"工程三等功、"976"工程荣誉奖、"9910"工程一等奖。他参与主编的《兵器工业科技辞典》，获部级科技进步一等奖；主编《近代兵器力学丛书》共14册；出版《工程中的纵向振动》《自动武器设计新编》《火炮与自动武器技术》等著作多部；发表《武器系统的现代设计方法》《参数识别与模态综合》《半导体位移传感器原理》等高水平学术论文30余篇。

9. 周立伟（1932—   ），中国工程院院士

周立伟是北京理工大学教授，原校科技委主任，我国电子光学与夜视技术专家，宽束电子光学理论的开拓者与奠基者。2000年当选俄罗斯联邦工程科学院外籍院士。

他长期从事同心球系统与移像系统的电子光学、阴极透镜空间像差理论、宽电子束聚焦普遍理论、动态光电子学及时间像差理论、电子光学空间与时间传递函数、成像系统的设计与计算等方面的研究工作，建立了宽电子束聚焦与成像较为完整的理论体系。该理论和方法应用于工程实践，为我国微光夜视行业由仿制走上自行设计研制、自主开发开辟了道路。

自1978年以来，周立伟发表学术论文、科技报告和专著等200

余篇（部），据1999年统计，有140余篇次被检索系统收录。专著有《宽束电子光学》《宽电子束聚焦与成像——周立伟电子光学学术论文选》《一个指导教师的札记》以及《目标探测与识别》等。他曾先后荣获全国科学大会奖1项、光华科技基金一等奖1

☆周立伟

项、部科技进步一等奖2项、部科技进步二等奖1项、部技改成果二等奖1项、国家科技进步二等奖和三等奖各1项等重大奖励。

　　周立伟在国内外电子光学与光电子成像学术界享有很高的声誉。他多次被邀请讲学，作学术报告，主持国内外学术会议等。他曾担任中俄国际学术讨论会主席、光电子成像与探测国际会议主席和亚洲光子学国际会议的国内委员会主席，四次被美国国际光学工程学会（SPIE）聘为SPIE论文集第1982、2898、3561、4925等卷的主编和分会主席，1994年、1995年两次被美国国际科学基金会（ISF）聘为电子光学学科评委。1992年他当选俄罗斯圣彼得堡工程院外籍院士，1997年被授予俄罗斯萨玛拉国立航天大学名誉博士称号，2000年当选俄罗斯联邦工程科学院外籍院士。自1999年起，俄罗斯科学院普通物理研究所谢列夫院士邀请他共同合作进行有关飞秒电子光学的研究。在国家自然科学基金会和俄罗斯基础研究基金会支持下，2003年，他与谢列夫院士开始第二轮国际合作项目的研究。在国内，周立伟于1983年被国务院学位委员会学科评议组聘为全国第二批博士生导师。

10. 王哲荣（1935—   ），中国工程院院士

王哲荣是原兵器工业201研究所总工程师，坦克车辆设计专家。一直从事特种车辆总体研究工作，承担了多项坦克装甲车辆研制任务，代表军方组织协调并承担我国第一代坦克"121"中型坦克战术技术论证、总体设计、总装

☆王哲荣

调试、样车试验、设计定型等全过程研制工作，他主持我国第一台燃气轮机的装车试验，明确了燃气轮机特种车辆的使用特点、应用前景等；研制出新部件试验特种车辆，经过对国内首台三自由度自动变速传动，新型冷却系统装车试验，明确了新部件在特种车辆上应用须解决摩擦片寿命、油泵可靠性、电液伺服阀温度适应性，高压头、大风量冷却风扇等技术问题；对引进项目64式坦克组织复装、试验和部分零部件反设计工作，分析、研究了它的设计思想、技术特点并编译出版该项目的《技术说明与使用指

南》，为我国最新一代坦克研制奠定了基础。他承担国家重点装备项目第三代主战坦克研制工作，任副总设计师兼总体组长，在实现我国主战坦克从仿制、改进，到自主开发研制、具有完全知识产权的跨越方面，为三代坦克跃进世界前列做出了突出贡献。

1991年获中国兵器工业功勋奖，1999年荣立中国兵器工业"9910"工程一等功，2000年ZTZ99式坦克获国防科学技术一等奖，2001年获国家科学技术进步奖一等奖，2001年荣立国防科工委一等功，2002年荣获何梁何利基金科学与技术进步奖。

11. 苏哲子（1935— ），中国工程院院士

苏哲子是原兵器工业674厂总工程师，我国自行火炮武器系统设计专家，传动和操纵部分的主要设计师，参与过我国第一代轻型坦克（131）的研制，该坦克于1978年荣获全国科学大会奖。1978年任152毫米自行加榴炮的课题总体设计组组长和武器设计组组长，并会同127厂较好地落实了152加榴炮的总体结构方案，83式152毫米自行加榴炮参加了国庆35周

☆苏哲子

年阅兵，并获兵器部科技成果一等奖和国家科技进步三等奖。

　　1984年2月，苏哲子被任命为工厂总工程师，负责全厂的技术工作，主抓新产品的开发研制。在他的领导下，陆续开发研制了122毫米履带式自行火箭炮、762履带式火箭扫雷车、改进型653坦克抢救牵引车、120毫米自行反坦克炮底盘、履带式军用挖掘机、155毫米自行火炮等6个军用新产品。他担任了外贸155毫米自行火炮武器系统总设计师，该系统成功出口许多国家，成为北方公司出口的支柱产品。1985—1989，在苏哲子领导参与下，工厂连续开发出了3个新民品：wy125全液压回转式挖掘机、履带式三支点打桩机与160马力机动平地机。2006年调入中国兵器科学研究院，任专职总设计师。主要社会兼职：国防科工委专家咨询委员会委员，中国兵器工业集团科技委委员，坦克传动国防科技重点实验室学术委员会委员，中国兵工学会理事，学术工作委员会副主任委员、《中国国防科学技术百科全书》地面武器装备技术分支主编。1992年获国务院特殊津贴，2004年获何梁何利科学与技术进步奖。

　　12. 才鸿年（1940—　　），中国工程院院士

　　才鸿年是金属材料专家，现任中国兵器装备集团科技委副主任。曾任兵器工业52研究所总工程师、所长，原兵器工业总公司科技委副主任。兼任北京理工大学、北京航空航天大学教授，原总装科技委委员、973专家顾问组成员，先进材料技术专业组组长，国防科工局科技委委员、军品配套分委会副主任。还兼任亚稳材料国家重点实验室、冲击环境材料技术国家级重点实验室等

实验室学术委员会主任。1984年经人事部批准为有突出贡献的中青年专家，1991年获兵器工业功勋奖，享受政府特殊津贴。2001年当选为中国工程院院士。

☆才鸿年

才鸿年团队开创了我国薄装甲钢、复合装甲、火炮身管自紧技术的研究工作，取得的科研成果已用于多种兵器装备，获国家技术发明奖二、四等奖各一项，获国家科技进步奖一、三等奖各一项。在装甲钢的研究中，提出了各项性能综合优化的技术路线，在保证装甲钢抗弹性能的同时，大幅度改善了钢的焊接性能，为装甲车辆车体施工实现焊前不预热、焊后不回火提供了材料基础。在火炮身管自紧技术研究中，建立了自紧身管强度和自紧工艺参数计算模型，提出了消除炮钢材料包兴格效应的临界内压算法和工艺方法，为我国高膛火炮的发展提供了有力的支撑。

才鸿年在"七五"至"十三五"期间，多次主持我国军用材料预先研究发展战略滚动研究和多次五年规划的拟制，主持民口军用材料配套规划的编制，为我国武器装备发展所需关键材料的保障，为提高军用材料的创新能力，为积极推进国家安全重大基础研究材料领域的研究工作，为实现军用材料科研成果向武器装备应用的顺利转化和工程化做出了重大贡献。现已初步形成军用材料应用基础研究、应用技术研究、应用开发研究协调衔接的研发链，并组织百余位专家开展了我国军用材料体系建设的研究工作，主编出版了《武器装备基本材料体系要览》，建立了相应的数据库系统。

才鸿年等人带领的北京理工大学军用材料研究团队于2016年获国防科技创新团队奖。

13. 杨绍卿（1941—　　），中国工程院院士

杨绍卿是兵器工业203所副总工程师，长期从事外弹道学与灵巧（智能）弹药武器系统的理论和工程技术工作，是我国末敏弹技术与装备领域的主要开拓者和奠基人之一，我国野战火箭散布、稳定性和偏差修正理论体系及灵巧（智能）弹药理论和工程设计方法体系的主要创建者之一。

☆杨绍卿

杨绍卿同志从20世纪60年代末开始对产品研制中提出的野战火箭散布和稳定性这一重大问题进行研究，先后提出了"高初速、低加速""风偏速差""推偏转速反比"等理论，建立了动稳定性理论及散布理论体系，出版了我国该领域首部专著——《火箭弹散

布和稳定性理论》及其配套书《火箭弹散布计算》，并发表论文20余篇。这些论文和专著已成为我国该领域工程技术人员和高等院校师生的重要参考文献。从20世纪90年代初起，杨绍卿同志先后担任末敏弹预先研究总研究师、先期技术演示验证总研究师和三个末敏弹型号项目的总设计师。经过近20年努力，开拓了我国具有重大国防意义的末敏弹这一智能弹药领域，实现了技术和装备的跨越式发展，使我国跻身于自主研发智能弹药的先进行列。

作为总研究师，主持完成了我国末敏弹技术领域的第一个重大预先研究课题，杨绍卿所著《灵巧弹药工程》，突破了系统总体、结构设计、复合敏感器、目标探测识别、稳态扫描、EFP战斗部等关键技术，解决了关键技术的工程应用与系统集成问题，为装备工程研制打下了基础。受到总装备部高度评价："标志着常规弹药向智能化发展迈出了具有里程碑意义的一步"。作为总设计师，主持研制成功我国第一个智能弹药装备——某型末敏弹武器系统，主要性能达国际领先水平，对目标的命中率比国际最好水平高近30个百分点，成为"我军最有效、最具威慑力的远距离反装甲武器，在我军精确打击弹药中占有重要地位"，该项目获2008年国家科技进步一等奖。

14. 李魁武（1943—　），中国工程院院士

李魁武是原兵器工业202所所长，是我国陆军信息化自行高炮与弹炮结合末端防空/反导武器系统的学术带头人和兵器工业集团的首席专家。自20世纪90年代初开始，他先后担任"4

管—25毫米自行高炮武器系
统""双—35毫米自行高炮
武器系统"和"4管—25毫米
弹炮结合武器系统信息化改
造"三个重点型号项目总设
计师。其中"4管—25毫米自
行高炮武器系统"和"双—35
毫米自行高炮武器系统"均
获得国家科技进步一等奖，

☆李魁武

先后参加过国庆60周年阅兵和纪念中国人民抗日战争暨世界反法
西斯战争胜利70周年阅兵。40多年来，他开拓发展了数字化、自
动化陆军末端自行防空/反导武器系统技术和设计理论，为我国陆
军信息化建设做出了突出贡献。他在解决武器系统定型后的产品
化改进设计和工艺完善、大型复杂火炮型号批生产组织方面做出
了重大贡献，开创了研究所组织大型复杂武器系统生产的先例。
他组织编写了《现代自行高炮武器系统总体技术》《火炮射击密
集度研究方法》《自动武器机构动力学》《科学大师创新成功的
奥秘》等十余部论著，全面论述了火炮总体技术、火炮射击技术
研究方法，提出了多项先进的实验原理，形成了一套独特的火炮
射击与实验理论，攻克了众多火炮研制中的技术难题。

（三）全国劳动模范

1.1950—1999年的劳动模范

1950年

徐万福（52厂）　　　贾德仁（51厂）　　　吴坤山（456厂）

李　井（245厂）　　　韩忠仁（342厂）　　　赵桂兰（女，523厂）

赵占魁（西北军政委员会劳动部）　　甄荣典（华北兵工职业学校）

1956年

文照秀（女，456厂）　杨崇先（321厂）　　　贺元馨（396厂）

李忠国（497厂）　　　宋进吉（5507厂）　　　韩维范（部外事局）

陈启平（167厂）　　　周荣华（456厂）　　　廖士刚（296厂）

殷海宝（861厂）　　　吴玉芝（女，123厂）　唐志英（女，497厂）

周秀成（282厂）　　　郎庚芳（375厂）　　　刘应埙（沈阳机械学校）

莫志明（5104厂）　　　魏恒新（674厂）　　　崔淑琴（女，475厂）

耿忠厚（9151厂）　　　张汝思（447厂）　　　谢国清（791厂）

赵根基（342厂）　　　佟永祥（5507厂）　　　刘元顺（791厂）

董国栓（525库）　　　岳全廷（475厂）　　　谢书城（791厂）

齐蕴琢（女，104厂）　周杰英（女，375厂）　张元荣（451厂）

王运丰（二机部六局）　杜长恒（423厂）　　　罗华新（451厂）

尉凤英（女，724厂）　王久春（121厂）　　　刘炳江（724厂）

牟国清（152厂）　　　陈永兴（121厂）　　　赵魁元（724厂）

芦金梁（9179厂）　　　陶文光（298厂）　　　刘长林（672厂）

赵敬铭（321厂）	田学印（5217厂）	陈光育（255厂）
陈广华（908厂）	富　海（672厂）	陈忠实（617厂）
叶乃翔（第六设计院）	秦益三（791厂）	张德文（524厂）
杨敬武（497厂）	王克绪（423厂）	康教大（615厂）
金善发（497厂）	刘濯尘（女，615厂）	李伯宗（615厂）
熊敦喜（497厂）	郭绍江（307厂）	陈惠珠（女，615厂）
武兆春（618厂）	周金华（女，627厂）	杭文蔚（298厂）
崔云桥（636厂）	郑克勤（298厂）	李范高（298厂）

1959年

尉凤英（女，724厂）	牟国清（152厂）	郭绍江（307厂）
赵魁元（724厂）	刘宝玉（5427厂）	李兆芳（女，307厂）
李秉中（256厂）	唐国兴（298厂）	余万来（296厂）
赵家才（256厂）	史秀兰（女，616厂）	黄文山（861厂）
谢金洲（256厂）	杨一雄（298厂）	赵西恒（556厂）
潘忠贵（497厂）	倪志福（618厂）	苏瑞堂（121厂）
唐志英（女，497厂）	王　伟（804厂）	高德厚（791厂）
蔡国祥（152厂）	郑恩洪（547厂）	王连起（475厂）
唐元康（451厂）	杜　海（447厂）	毕克云（228厂）
李华玉（356厂）	余顺江（255厂）	倪德山（123厂）
吴文全（356厂）	张兴运（508厂）	刘诗华（321厂）
徐先成（732厂）	哈斯楚鲁（617厂）	王春德（321厂）
张　荣（671厂）	张德文（524厂）	方自达（5618厂）

孙淑荣（女，671厂） 王克绪（423厂） 高爱霞（女，636厂）

李宝珍（636厂）

1960年

杨嗣昌（太原机械学院） 王翠琴（女，724厂） 顾　群（女，816厂）

曾焕茂（342厂） 李子春（女，617厂） 李保珍（304厂）

程昌圻（北京工业学院） 尧汝芳（重庆第一机械制造工业学校）

1977年

李振家（375厂） 邓金才（497厂） 刘德才（346厂）

哈斯楚鲁（617厂）

1978年

邓胜芳（女，209所） 关维君（5113厂） 赵瑞芝（506厂）

张绍举（211所） 贺孝先（5133厂） 范绍忠（综合所）

孙　起（210所） 李根绪（541厂） 王　越（206所）

李正凡（208所） 刘兴和（202所） 王凤迎（205所）

杨楚泉（201所） 张国田（844厂） 方二伦（204所）

常士骠（勘测公司） 陈瑞昌（六院） 郑民达（203所）

施立成（五院） 韩宗信（152厂） 杨德俊（791厂）

吴从科（393厂） 顼敏达（228厂） 张文绍（447厂）

管善扬（5087厂） 朱寿祺（121厂） 陈心怡（9396厂）

李光忠（248厂） 钱恩格（123厂） 赵　亮（9394厂）

1979年

哈斯楚鲁（617厂） 邓金才（497厂） 李光忠（248厂）

贺孝先（5133厂）　　邢文福（624厂）　　张光鉴（908厂）

刘新滨（5133厂）　　麦伟麟（298厂）

1982年

郑东哲（636厂）　　潘春雨（636厂）

1983年

郑东哲（636厂）　　朱宝森（636厂）　　田家强（636厂）

1985年

陈　波（627厂）

1986年

曹太珍（女，627厂）

1989年

王天民（201所）　　周明军（5103厂）　　薛海舟（5318厂）

任庆元（844厂）　　庞　滂（753厂）　　成进文（9932厂）

李培信（743厂）　　钱士文（618厂）　　朱德林（湖南轻武器研究所）

吴宝晖（524厂）　　唐章媛（女，617厂）　宋崇山（9109厂）

余　忠（627厂）　　操万夫（256厂）　　雷绍禄（9603厂）

宋国良（282厂）　　常宝泉（123厂）　　薛成钦（9824厂）

张瑞林（127厂）

1995年

钱士文（618厂）　　张　忠（333厂）　　戎鹏强（447厂）

程吉祥（617厂）　　佟承全（121厂）　　刘志荣（152厂）

李寿华（5023厂）　　白云清（208厂）　　陈子升（296厂）

郝振堃（451厂）　　张西源（843厂）　　董复兴（70所）

冯长根（北京理工大学）　武占卿（52所）　苏君红（211所）

潘复兰（女，第五设计研究院）

2.1999年后的劳动模范

（1）中国兵器工业集团公司

2000年

李文玉（447厂）　　王文山（617厂）　　武永和（624厂）

张文辉（627厂）　　马怀义（743厂）　　陈济民（218厂）

王兴治（203所）　　田雨华（210所）　　孙国政（616厂）

2005年

牛建国（743厂）　　李忠梅（617厂）　　李连顺（447厂）

韩长青（375厂）　　邢建忠（616厂）　　关　荣（524厂）

李景慧（624厂）　　朱立彬（127厂）　　许远明（123厂）

周　民（282厂）　　杨文运（211所）　　原　军（北方公司）

2010年

金长福（616厂）　　周建民（304厂）　　宋殿琛（617厂）

邢晓红（617厂）　　陈树清（447厂）　　许晓军（华锦集团）

王　岩（524厂）　　于中赤（228厂）　　张　东（672厂）

孙茂权（123厂）　　朱秀荣（52所）　　唐银波（627厂）

周胜利（213所）　　杜志岐（201所）

2015年

孙　涛（动力集团）　　郑贵有（北重集团）　　刘　勇（一机集团）

于东海（辽沈集团）　　潘成忠（北化集团）　　郭　志（华锦集团）

吴宏立（东北工业）　　单永志（导航集团）　　孟祥志（北方华安）

吴何庆（武重集团）　　杨　芳（江南工业）　　罗　军（江麓集团）

王飞桥（特能集团）　　毛　明（201所）

（2）中国兵器装备集团公司

2000年

尹家绪（152厂）　　　张荷香（296厂）　　　何世斌（451厂）

何文德（5618厂）　　　张文志（天威集团）

2005年

陶必华(重庆长安铃木汽车有限公司)　侯燕蓉（湖南天雁机械有限公司）

邓立明（204厂）　　　陈永强（296厂）　　　余昌琴（5316厂）

李玉梅（394厂）　　　丁　强（天威集团）　　刘　涛（哈飞汽车公司）

2010年

徐留平（中国兵器装备集团公司）　　　　赵继飞（861厂）

刘　岩（哈飞汽车公司）

2015年

张永忠（重庆长安汽车股份有限公司）

孔祥俊（哈尔滨东安汽车发动机制造有限公司）

谭祖安（5618厂）　　　胡卫华（861厂）

（四）中华技能大奖获得者

1.中国兵器工业集团公司

李文玉　内蒙古第二机械制造总厂，1996年第二届

宋殿琛　内蒙古第一机械制造(集团)，2002年第六届

武永合　哈尔滨建成集团有限公司，2004年第七届

梁　兵　河南平原光电有限公司，2006年第八届

姜　峰　西安应用光学研究所，2008年第九届

卢仁峰　内蒙古第一机械制造（集团）有限公司，2008年第九届

周建民　淮工业集团有限公司，2010年第十届

唐银波　江麓机电集团有限公司，2012年第十一届

张学海　内蒙古第一机械集团有限公司，2014年第十二届

吴何庆　武汉重型机床集团有限公司，2014年第十二届

郑贵有　内蒙古北方重工业集团有限公司，2016年第十三届

2.中国兵器装备集团公司

郭嘉明　重庆长安工业（集团）有限责任公司，2000年第五届

刘志荣　重庆长安工业（集团）有限责任公司，2004年第七届

李寿明　中国嘉陵工业股份有限公司（集团），2006年第八届

张永忠　重庆长安汽车股份有限公司，2008年第九届

郑晓明　重庆大江工业有限责任公司，2010年第十届

刘　源　重庆长安汽车股份有限公司，2012年第十一届

后　记

　　为纪念人民兵工创建85周年，传承和弘扬人民兵工精神，深入推进"两学一做"学习教育，兵器工业集团和兵器装备集团联合策划编撰了《人民兵工精神》一书。

　　历经一代又一代兵工人薪火相传，"人民兵工精神"代表着对党、对国家、对民族的绝对忠诚与责任担当，深深烙印在每一个兵工人的心中，成为人民兵工继往开来的强大精神动力，成为今天兵器工业的核心竞争优势。本书系统解读了人民兵工精神的发展、内涵和价值，为进一步弘扬人民兵工精神，增强兵工人的归属感、认同感和荣誉感，更好地服务国家国防安全、服务国家经济发展的使命提供了基础。

　　在此，我们要衷心感谢兵器工业集团和兵器装备集团党组领导的高度重视和支持，感谢两个集团党建群工局、人力资源部和兵器工业老干部局的指导，感谢兵器人才学院、兵器工业档案馆等有关单位的帮助。

　　《人民兵工精神》在编写过程中，得到了兵器工业许多老领导、老同志的关心和帮助，有的提供文献资料，有的参与研讨编撰。蔡寅生同志担任本书编写组顾问，对本书的结构设计和内容编撰做出了重要贡献。在此，对所有给予帮助、支持的单位和同志一并表示衷心的感谢。

在本书的编撰过程中，我们调阅了大量资料，参考了党史文献、过往书籍、媒体报道等。图书内容跨越几个历史时期，对发生的事件挂一漏万在所难免，加之编者水平有限，在文字表达、措辞等方面有不当之处，敬请读者批评指正。

编　者
2016年12月